汪安迪 —— 著

中国商业出版社

图书在版编目（CIP）数据

思维简史 / 汪安迪著 . -- 北京 : 中国商业出版社，2018.12
ISBN 978-7-5208-0186-7

Ⅰ . ①思… Ⅱ . ①汪… Ⅲ . ①思维科学—历史 Ⅳ . ① B80-09

中国版本图书馆 CIP 数据核字（2018）第 016356 号

责任编辑：朱丽丽

中国商业出版社出版发行
（100053 北京广安门内报国寺 1 号）
010-63180647 www.c-cbook.com
新华书店经销
天津中印联印务有限公司印刷
*
720 毫米 ×1000 毫米　1/16 开　15.5 印张　190 千字
2019 年 3 月第 1 版　2019 年 3 月第 1 次印刷
定价：58.00 元
****
（如有印装质量问题可更换）

前言

一只章鱼的体重可高达70磅，相当于一个10岁男孩的体重。然而，体型如此庞大的家伙，却因没有骨头的奇特身体构造，使自己能钻过一枚硬币大小的洞！这简直超乎常人的想象！

当然，它的这种特性，也为自己"海洋恐怖者之一"的称号蒙上了一层神秘的面纱。

在捕猎前，它会将自己隐藏在一个极为狭小的地方，如海螺壳中。而当猎物一靠近，它就会以迅雷不及掩耳之势，咬住猎物头部，并向其注入毒液，使其动弹不得，随后美餐一顿。

但是，它的这种特性，也为自己带来了噩梦！为了捉住章鱼，把其变成人类餐桌上的美食，渔民深知章鱼的这一特性，并充分利用这一特性：渔民将小瓶子用绳索串联在一起，然后扔进大海。章鱼看到小瓶子，就开始兴奋地往里钻，丝毫不管瓶子有多小，瓶口有多窄。

就这样，"海洋恐怖者之一"的章鱼，就成了渔民瓶子里的囚徒。实际上，并非是渔民或瓶子囚禁了章鱼，而是章鱼囚禁了自己。

章鱼如此，人类又何尝不是如此？

| 思维简史

当碰到无法解决的事情，无法预知的事情，或令自己措手不及的事情，人们往往会像章鱼一样，让自己的思维顺势钻进一个狭小的空间，不去思索和研究以往的思维所导致的行为，是否因"思维谬误"的关系而越来越墨守成规，越来越狭窄，越来越跟不上时代……

曾国藩曾说："谋大事者，首重格局。"用现代话来解释，就是格局有多大，思想就有多远；思想有多远，你就能成多大的事。当然，在这里面还有一个前提，那就是：思想有多远，取决于你是否愿意种植思想，如何使思想不断升级，让它牢牢构筑占据大脑，变成一把消除世间一切麻烦事的"利刃"！如果你的梦想是一根火柴，就会轻易被人所扑灭；即便你的梦想是一个火盆，也容易被别人一盆水所浇灭；而如果你的梦想像火山一样，那么任凭风吹雨打，依然会熊熊燃烧……如果你想繁华一时，请你种花；如果你想繁华十年，请你种树；如果你想世代繁荣，那么请你种植思想和升级思维。

人类进化和不断向文明迈进的过程，其实也是人类思想和思维不断升级的过程。

早在公元前6世纪，人们就不再满足于神话世界对于世界的解释，而开始寻求新的关于自然和人类自身的解释。在当时，新的思维模式和求知欲仅限于"好奇心"，而到了18世纪，哲学家将整个人类知识当作他们的领域（包括科学在内），并讨论宇宙有无开初之类的问题。

直到20世纪20年代，以爱因斯坦、玻尔、海森堡等诸多理论物理学家们为代表的科学家，在量子物理的领域中找到了对世界的更好解释。

因此可以说，人类的思维系统是一个获得、储存、解释和创造知识的系统。而且，人类的思维系统会随着对知识的汲取，以及周围环境的影响，而改变对事物的认知。

也因此，我们要跳出以往那种固执的、墨守成规的"思维陷阱"。《思维简史》基于思维本身,通过对周密、理性、换位、逆向、双赢、简化、U 形等多元化思维的深入阐述,给人们展示了种种突破常规的思维方式,让人们在每每遇到看似难以解决的事情时,可以另辟蹊径,在经历"山穷水尽疑无路"的迷茫和恐惧后达到"柳暗花明又一村"的目的。即通过打开自己的思维,让自己完美跳出"思维陷阱"。

汪安迪

2018 年 1 月于北京

目录

上篇 意识和思维的产生与发展
——自然与社会共同作用的结果

第一章 人类意识的起源、本质和作用
起源：人类意识是自然界长期发展的产物 / 4
本质：个体意识与社会意识是同一的 / 8
作用：反作用于或服务于社会存在 / 14

第二章 人类思维的起源与进化——智慧活动
高级智慧生物人类的诞生 / 22
智慧活动生物学原理：神经系统应激反应 / 24
人类思维的进化：思维能力的进化和思维方式的进化 / 28

第三章 科学思维方法的演进——从思辨到抽象再到辩证
古代科学的思辨思维方法 / 34
近代科学的抽象思维方法 / 37
现代科学的辩证思维方法 / 39

 **中篇　思维概述**
——简单又复杂的"系统化"思维

第四章　思维简史——用思维改变世界

人类思维发展的过程 / 48

结构化思维是最值得培养的思维方式 / 51

跳出固有思维的坑 / 53

第五章　思维特性之一：预测性——预见未来，才能滴水不漏

先知先觉，才能高瞻远瞩 / 58

再周密的计划，也需务实 / 61

找出最小的可行方法 / 64

生命有限，杜绝浪费 / 68

第六章　思维特性二：理性——不谋全局者，不足以谋一域

理性，不让思维出轨 / 72

行事严谨，理性决断 / 74

别让"外因"影响你的选择 / 77

低调处世，大智若愚 / 80

大局为重，懂得为对手叫好 / 83

第七章　思维特性三：突破性——没有做不到，只有想不到

大胆突破思维束缚 / 88

想要什么，就去拿 / 91

排除干扰，立即行动 / 94

大胆去做，忠于自己 / 97

学会推销自己 / 101

想成功，擅长"利用" / 104

下篇　思维方式
——那些你需要刻意训练的思维方式

第八章　积极思维——推开世界的敲门砖

积极思维是你手中的一张王牌 / 112

"积极"就是"征服" / 116

积极主动才能"自救" / 119

积极主动助你迈向成功 / 121

好时机不怕晚 / 124

第九章　换位思维——走向高处的踏板

换位思维是一种艺术 / 128

换位思维，得不同人生 / 131

换位思维，获得宽容 / 134

换位思维，赢得幸福人生 / 136

第十章　逆向思维——反其道而行之

聪明人都习惯用逆向思维 / 142

逆向思维，遇怒先不怒 / 145

逆向思维可以"曲径通幽" / 147

出其不意方能出奇制胜 / 150

第十一章　多元思维——启迪创意思维，开启智慧之门

让人受用一生的多元思维模式 / 154

镇定自若，保持立场 / 157

懂得蜕变，"铁玫瑰"也能绽放 / 160

做丈量的一杆标尺 / 162

掌控未来，对未来有所预见 / 167

一个人也要像一支队伍 / 169

第十二章　双赢思维——我要赢，我也要你赢

看透双赢思维，你的人生大不同 / 174

没有卑微的工作，只有卑微的态度 / 177

时时给别人留点面子 / 180

退一步，也能达到双赢的结果 / 182

第十三章　创造性思维——改变你的人生高度

创造性思维是一种天赋创造 / 188

打破思维定势是成功者必备条件 / 191

敢于"实验"，多思考 / 193

善于做好开创性思维 / 195

做个像乔布斯一样的人 / 198

第十四章　简化思维——更简单的行事方式应该是简单、有效

简化思维不等于简单思维 / 202

放眼全世界，拥有简化思维 / 204

打倒自卑，迎接世界的质疑 / 206

一万小时，从平凡变超凡 / 208

第十五章 U形思维——感知正在生成的未来

用 U 型思维呵护创新的灵光 / 212

间接思维，是变通思维，更是 U 形思维 / 214

放弃小利益，赢得大收获 / 217

第十六章 整合思维——成功者与平庸者的分水岭

整合是高层次的整合思维方式 / 220

单打独斗不如联合制胜 / 223

大手笔的"跨界整合" / 224

从人脉上整合资源 / 227

附录 思维小测试 / 230

参考答案 / 234

上篇　意识和思维的产生与发展
——自然与社会共同作用的结果

思维和意识不是同义词，思维只是意识的一小部分，没有意识，思维也就不复存在。从本质上来说，思维是一种求生的机器，是意识演化过程中的一个阶段。如果想向下一个阶段迈进，就要精准地收集、储存、分析信息，做出最有效的行动。

　　本篇运用马克思主义哲学的辩证唯物主义认识论来解释人类意识和思维的产生与发展。指出：人类意识是物质世界发展到一定历史阶段的必然产物。人类的智慧活动是人类远古祖先在悠久历史的生活、遗传和进化产生的。论述了思辨思维、抽象思维、辩证思维等各种科学思维方法的产生与演进过程。

第一章

人类意识的起源、本质和作用

起源：人类意识是自然界长期发展的产物

探讨意识的起源，就是运用辩证唯物主义认识论的观点来解释意识是在什么条件下产生的，并分析它们的相互作用及发展过程。下面我们就围绕自然界、物质世界、人脑、社会生活等意识产生因素来展开。

一、人类意识是自然界长期发展的产物

意识是人脑的机能，人脑是意识活动的物质器官，而人脑又是物质世界长期发展演化而成的物质的最高形态。从这个意义上来说，意识是物质的最高产物。

自然科学和社会科学的发展已经充分证明了这一点。恩格斯指出："我们的意识和思维，不论看起来是多么超感觉，总是物质的、肉体的器官，即人脑的产物。物质不是精神的产物，而精神只是物质的最高产物。"

意识具有自然界中一般物质形态普遍具有的反应特性。

这是意识产生的物质基础和前提。在所有的物质形态上，都具有反应特性，这也是物质的"本性"最普遍的表现之一，是物质世界的相互作用在物质形态上的表现。正如列宁所说，假定一切物质都具有在本质上跟感觉相近的特性、反应的特性，这是合乎逻辑的。这种假定的合乎逻辑之处就在于，世界上任何一种活动现象的产生和存在总有其前提和基础，决不会无中生有。

宇宙万物都处在普遍的相互联系和相互作用之中，而相互作用必然会导致相互反应，即在对方身上留下彼此的"痕迹"。通过这种痕迹，就能看出对方的存在及其性质和作用。

这种反应特性的实际内容表现在物质世界相互作用的各个方面，是物质世界的一种机械的、物理的和化学的过程。比如：水滴石穿、肌肉灼伤、岩

石风化、金属生锈等，都是这种过程的具体表现形态。

物质从自身形态的发展中演化出能思维的生物并产生意识，这个过程非常漫长。在这一过程中，有三个决定性环节：

1. 由一切物质所具有的反应特性到低等生物的刺激感应性

一般认为，地球作为一个行星，起源于46亿年以前的原始太阳星云。早期的地球是一个炽热的球体，只有简单的机械运动和物理运动，随着逐渐冷却才产生了化学运动，而长期的化学演化过程造成了从无机物到有机物的发展。

有机物的产生为生命的诞生创造了物质前提。从简单的有机物到复杂的有机物的演化，导致了原始生命物质的产生，同时低等生物的刺激感应的反映形式渐渐出现。

无生命物质的反应特性和生命物质的反应形式是既相区别又相联系的。

二者的共同特征表现在两个方面：

（1）反应都产生于被反应对象的刺激，没有反应的对象，就不会产生反应，引起反应的对象不依赖于反应者而存在。

（2）反应只是部分反应对象的属性，并不是反应事物的全部属性。

二者的区别也表现在两个方面：

（1）无生命物质形态的反应特性，通过其与外物作用时发生机械的、物理的、化学的等反应表现出来，能够改变自身的状态或转化为其他物质；而生物的反应形式则是为了维持自己的生存和发展而出现的，会进行新陈代谢（同化和异化）、自我更新等。

（2）无生命的反应特性是机械的、死板的、没有选择的；而生命物质的反应特性则具有一定的目的性——具有为了维持其生存而趋利避害的选择性，表现出不同程度的主动性。

低等生物的刺激感应性是生物体适应环境维持生存和发展的基本条件，从无生命物质的反应特性到低等生物的刺激感应性，是地球演化史上的一个质的飞跃。从此，地球上物质的演化逐步进入自觉阶段，为人类意识的产生奠定了物质基础。

2. 在刺激感应性的基础上发展出动物的感觉和心理

在环境的漫长适应过程中，低等生物的生存方式及其由此导致的反应形式也经历着从低级到高级的进化过程。刺激感应性是生物的最原始的反应形式，是植物和原生动物都具有的趋利避害性。

低等生物与周围环境的关系比较简单和稳定，这种简单的刺激感应性足以供其生存和发展。可是，其周围环境发生了巨大变化并日趋复杂时，这种简单的刺激感应性就无法使其适应环境了。于是，在这种适应和被适应的矛盾推动下，就会逐渐产生动物的感觉。

感觉器官和神经系统是产生感觉的主要物质基础，单细胞生物的刺激感应性是通过细胞膜的外层——质膜获得的。动物的感觉同相应的物质器官和神经系统联系在一起，即动物的各种感觉，如视觉、听觉、嗅觉、味觉、触觉相联系的物质器官——眼、耳、鼻、舌、身，以及对感觉进行简单分析的低级神经系统。

感觉比刺激感应性更为高级，在刺激感应性的反应中，信息、物、刺激必须同时出现，而感觉中信息与物可以间接地发生联系，可以根据信息去追寻物，如此也就大大地提高了生物的环境适应能力。

3. 由一般动物的感觉和心理到人类意识的产生

在生物及其反应形式进化的过程中，动物的感觉反应形式逐渐发展为动物心理。高级动物把各种感觉器官及其感觉能力联系起来，形成了对客观环境的统一反应，这种对客观环境的统一反应就是动物心理。

动物心理主要包括简单的动机、知觉、表象和情绪等。产生动物心理的物质基础更加高级，不仅需要将已经分化出来的不同的感觉器官跟神经系统连接起来，还需要指挥神经系统的中心——大脑，而大脑是动物心理活动的物质基础。

随着动物的发展，大脑越来越发达，其作用越来越大，动物的心理活动也越来越复杂。大脑及其心理活动的复杂化趋势，引发了向人脑及其意识活动发展的可能，在这种复杂的过程中，自然就产生了人脑及其意识活动。

从物质的一般反应特性到生物的刺激感应性，再到动物的感觉和心理发展，就为人类意识的产生准备了条件。

二、社会劳动是意识产生和发展的动力、基础和源泉

自然界及其生物的自然进化不会自发地产生意识，只会为意识的产生创造物质前提和基础，而构成它们的根本动力和基础则是人的社会劳动，也即人们的社会实践活动。也就是说，意识是同人类社会一起产生的，在从古猿的动物心理到人类意识的进化过程中，社会劳动起了关键性作用。正如马克思所说："意识一开始就是社会的产物，且只要人们存在，它就是这种产物。"

1. 劳动为意识的产生和发展提供了客观的需要和可能。制造和使用工具是劳动和动物本能活动的根本区别。在制造和使用工具的改造外部世界的劳动中，人们不仅要认识事物的表面现象，还要认识事物的深层本质和规律。而要做到这一点，仅有动物的感觉和心理还远远不够，必须具有抽象思维能力，即人类意识。

2. 思维工具就是思维的物质外壳——语言，也是在劳动中并在其推动下产生和发展的。在劳动过程中，劳动协作引发了交往的需要，人们需要进行关于劳动协作的信息交流，甚至已经达到彼此不得不说的地步。于是，语言的产生就成为必然。从本质上来说，语言是用来概括各种感觉材料的一种符号，语言的产生给人脑的抽象思维活动（人脑的意识活动）提供了工具，并使人类获得了交流思想的工具，促进了意识的发展。

3. 先进行劳动，后在劳动和语言的推动下，猿脑变成人脑并日趋完善。随着脑容量越来越大，脑组织结构越来越严密复杂，就为意识的产生和发展提供了现实的物质基础。

4. 劳动是主体和客体的相互作用，为人类变革客体、深入认识事物的本质和规律提供了可能。从这个意义上来说，它构成了意识产生和发展的基础和源泉。

总之，人们的劳动协作、社会交往以及由此产生的语言，是意识产生的重要社会条件。意识是人与人劳动协作和社会交往的产物，而语言则是意识产生和发展的直接中介。从这个意义上来说，意识是社会的产物，任何意识都带有社会性，任何意识都是社会意识。

本质：个体意识与社会意识是同一的

辩证唯物主义认识论认为，劳动是从动物的最初本能活动逐渐演化而来的。

劳动是人类特有的一种活动，是人和自然之间的物质、能量和信息的变换过程，是人类对自然界的积极改造，其根本标志是制造和使用工具。

劳动的产生和形成过程与人、社会、意识的产生和形成过程相一致，还是它们产生和发展的动力和中介。意识以劳动为基础并在劳动过程中产生，意识产生的中介是劳动和语言，劳动是在社会协作和社会交往的过程中进行的，语言也是社会交往的产物。所以，从本质上来说，意识就是社会交往或社会性的产物。

对意识本质的认识，是唯物主义与唯心主义争论的焦点。辩证唯物主义认为，意识是人脑的机能，也是对客观存在的反映。这样，就从意识的本质问题上肯定了物质第一性，意识只是派生的这一基本原则的正确性，批驳了唯心主义错误的意识观。

马克思主义哲学认为，人类意识都具有社会性，意识都是社会意识，意识与社会意识是同一的（同一即同一性，是指两种事物或多种事物能够共同存在，性质相同，矛盾的对立面相互联结、相互吸引、相互渗透）。

从内容上说，二者是一致的。相对于客观存在来说，意识是一般的意识；相对社会存在而言，意识则是社会意识。因此，意识和社会意识虽然名称不同，但二者其实一样。其实，相对于社会生活而言，任何存在都是社会存在，同样意识也就成了社会意识。

从意识产生角度来说，任何意识都是在实践的基础上形成和发展的，都是人们社会交往的产物，都具有社会性。也就是说，不反映社会生活或社会存在的意识是不存在的，不具有社会性内容和特点的意识也是不存在的。

一、意识是人脑的机能

人脑是意识活动的物质基础和物质承担者，没有人脑，意识也就成了无根之木。

人类意识的产生和发展是通过人脑的活动来实现的，从本质上来说，意识就是人脑的一种活动形式。

人脑是意识的物质器官，现代科学的发展，尤其是现代生物学、神经生理学、心理学、脑科学的大量研究证实，人脑是专司反映的物质器官，大脑皮层是动物心理和人类意识的活动中心。意识，不仅依赖于人体的各种感觉器官和神经系统，还依赖于人的大脑，而后者也是最主要的。

与动物的大脑比较起来，人的大脑有两大特点：一是人的脑容量与身体质量之比加大，远高出其它所有动物；二是人脑的结构非常复杂，其他动物大脑都无法比拟。可以说，人脑是一切物质形态中最精密、最复杂、最发达的一种物质。

人脑由约1000亿个神经细胞组成，神经细胞的细胞体多数都分布在大脑皮层，覆盖在大脑两半球的皮层是大脑的主要构成部分。大脑皮层有20个功能区，分别对感官传入的各种信息进行加工、分析和综合，并作出反应。

大脑分为左脑和右脑，左右两边大脑分别负责不同的职能：左脑主管语言、符号、抽象思维；右脑主管衍射、声音、空间位置和形象思维。左右脑之间有2亿多条神经纤维，通过神经脉冲来传递彼此的信息。

总之，大脑皮层及其皮层下的丘脑、下丘脑相互协调，并和小脑、延髓、脊髓等相互连接，组成了整个中枢神经系统；同时，又跟周围的神经系统、各种感官相连，构成了一个神经网络系统，此系统以大脑为司令部的中心，异常复杂，遍布全身。

外界因素作用于人的感官，会引发各种刺激，之后通过神经纤维和神经脉冲，传到大脑皮层专司不同职能的各区域，引起大脑皮层活动，从而产生感觉、知觉、表象思维、情绪等意识活动。从这一点可见，意识活动就是人脑神经活动的生理过程，离开了这种过程，意识也就不复存在。

对于意识活动，除了上述观点外，俄罗斯生理学家、心理学家伊凡·彼德罗维奇·巴甫洛夫的观点也能给我们很多有益的启示。

巴甫洛夫是高级神经活动学说的创始人和高级神经活动生理学的奠基人。他认为，意识是人脑的机能，是在第一信号系统和第二信号系统的基础上进行的精神活动。动物和周围环境的相互作用是通过反射活动进行的。

反射活动可以分为条件反射和无条件反射两类：①无条件反射是动物的本能性的一种反射活动，是动物对外界环境的一种反射，是中枢神经低级部分的活动，是稳定不变的生理过程。②条件反射活动是在无条件反射基础上由动物自身的经验建立起来的，需要经过后天的学习，才能获得，是大脑中枢神经的高级部分（大脑皮层）的一种活动，具有可变性。

条件反射活动是一般动物普遍具有的生存方式，正是由于它们的存在，才产生了动物的感觉和心理。当然，人类的意识也是在此基础上产生的，只不过人类意识的产生要比一般动物心理的产生复杂得多。

一般动物要想引起条件反射，必须接受外部条件的具体刺激，巴甫洛夫把这种条件反射活动称之为第一信号系统，它是除了人之外其它所有动物所具有的信号系统。

不同于动物，人不仅具有第一信号系统，还具有第二信号系统，即语言和文字的刺激所引起的反映活动。动物只能在第一信号系统基础上形成具体的感性形象，不能形成抽象思维，也不能形成意识活动；人不仅能在第一信号系统的基础上形成具体形象的感性认识，更能在第二信号系统的基础上形成抽象概括的理性反映，进而形成人类的精神活动。

二、人类意识是对客观存在的主观映象

人脑是意识的物质器官，但并不能自行产生意识。

人脑是一座意识加工厂，离开原料，无法加工出产品。意识是人脑在反映外部世界的过程中产生的，人脑对客观世界的反应，是对外界输入的信息不断加工制作的过程。在这一过程中，不输入外界信息，就不会产生意识。但这种加工绝不是对外界信息的机械反应，而是用主观的形式对外界信息进行能动的改造，体现了主观和客观的统一。正如马克思所说："观念的东西不外是移入人的头脑并在人的头脑中改造过的物质的东西而已。"列宁也曾说过："感觉是客观世界，即世界自身的主观映象。"这些都告诉我们，意识是对客观存在的反映，而这也是辩证唯物主义对意识本质的科学规定和理解。

意识的形式具有主观特点，但意识的内容却是客观的，体现了主观和客观的统一。这种统一性有助于理解意识的本质。

1. 意识的主观形式都是客观内容的反应。意识是由各种主观反映形式共同组成的完整体系，包括感觉、知觉、表象等感性认识形式，以及概念、判断、推理等理性认识形式。感性形式和理性形式都是人的主观世界所特有的，但是无论感性认识反映的事物的外部现象，还是理性认识反映的事物的内在本质，都是一种客观存在。

从内容上来看，人的所有意识形式都跟一定的意识内容相联系，而这些内容又是人与世界的相互关系在人脑中的反映。从意识的基本方面来看，无论是对象意识，还是自我意识和思维方式，都是客体对象、自我状况和思维规律的反映，都包含一定的客观内容。

2. 意识的主观差别都有其客观根源。不同的人对于同一对象或同一过程的反映，会出现主观差异，意识也就具备了主观特性。人们对事物的不同认识，都可以从生理过程、实践经验、社会环境、阶级立场差异等原因得到解释，也可以得到物质过程的解释。可见，任何主观的差异都有其客观根源。

3. 意识的主观特征都有其客观存在的基础。意识的主观性既表现为主观映象，只是对客观存在的近似摹写，又表现为同现实似乎毫不相干的虚幻的、荒诞的观念形态。但它们都是对客观世界的反映。正如鲁迅所说："天才们无论怎样说大话，归根结蒂（底），还是不能凭空创造。描神画鬼，毫无对证，本可以专靠了神思，所谓'天马行空'似的挥写了，然而他们写出来的，也不过是三只眼，长颈子，就是在常见的人体上，增加了眼睛一只，增长了颈子二三尺而已。"可见，意识的主观色彩不管多么浓厚，归根到底都有客观基础或原型。

辩证唯物主义把意识看作是主观形式和客观内容的统一，看作是客观对象的主观反映。既批判了否认意识客观内容的唯心主义，又与抹煞了意识形式主观性的庸俗唯物主义做了区分。

三、社会意识是对社会存在的主观反映

所谓社会意识，指的是整体的社会意识系统。

人类意识首先是对自身存在的意识，人是一种社会性存在，人对社会存在的意识也就是社会意识。在社会意识的内容中，既有正确的意识，也有错误的意识。但不管怎样，都是对社会存在的反映，都可以从社会生活中找到各自的现实原型。

社会意识的内容及其形式尽管存在一定的差别，但都是在一定社会存在的基础上产生和形成的，都反映了社会存在，反映了社会生活过程。

社会意识不仅是关于人的意识，也是关于自然的意识，因为各种意识都是人们对社会存在的反映，都是人与自然或社会与自然之间的实践关系的反映。人、社会与自然的关系是社会存在的基本内容，对自然界的认识程度反映了社会物质生产方式的发展程度。从这一点来说，所有的社会意识现象都是社会存在的反映，没有例外。

社会意识是社会存在的反映，必然以社会存在为对象，但这也仅仅是就社会意识的整体来说的。其实，社会存在只是社会意识整体系统的反映对象，对于具体的社会意识来说，其对象则不仅只限于此。

具体社会意识的对象既包括社会存在即社会物质生活过程，又包括社会的政治生活过程及社会的精神生活过程。所有的社会意识都是社会存在的反映，但是社会意识还通过反映社会政治生活的过程来间接地反映社会存在，通过反映自身的运动过程来间接地反映社会存在。这些都说明，社会意识对社会存在的反映方式异常复杂。

社会意识具有相对独立性，社会意识并不是独立于社会存在的实体性因素，是对运动着的社会存在的反映。而且，其对社会存在的反映还不是消极的、简单的，而是一个能动的复杂过程，这种反映还遵循着自身独特的发展规律。这就是社会意识的相对独立性。不了解这个特点，就无法真正理解人类社会意识的形成和发展。

社会意识具有相对独立性，其表现在以下几方面：

1. 社会意识的变化与社会存在的发展变化的不完全同步性

社会意识对社会存在的反映不会总是同社会存在的实际相一致，有时可能比社会存在超前，有时可能落后于社会存在。在同一社会形态中，存在两种对立的社会意识，即新社会意识与旧社会意识。新的社会意识总能较准确地预见社会的变化与发展，能够适应社会的发展趋势；而旧的社会意识则落后于社会存在的变化和发展，会阻碍社会的进步。

社会意识与社会存在的变化发展的不完全同步性主要表现在，它与经济发展水平的不平衡性。也就是说，在这个世界上，经济水平较高的国家，不一定具有较高的意识发展水平；而经济水平较低的国家，也不一定不会产生先进的社会意识。历史上，许多国家的经济相对落后，但思想领域却超过了经济先进的国家和地区。比如，18世纪末，政治分裂的德国在哲学上却产生了黑格尔哲学，并孕育了马克思主义。但经济先进的英国，却思想保守、崇尚经验主义。这种不平衡状态的出现与当时特定的历史条件分不开，特别是社会意识的发展还会受到国家政治发展的干预，受到国家思想传统的影响，总会与经济发展水平出现不平衡现象。

可是，先进的社会意识之所以是先进的，是因为它是以一定的社会存在为基础的。这种社会存在的基础不一定是本国的实际，而是国外发展与本国发展相比较的现实过程。也就是说，社会意识的发展是以经济发展的水平为前提的。

2. 社会意识的发展具有历史继承性

任何国家的社会意识都具有历史继承性，都渊源于本国的思想意识传统，是对本国的社会意识传统的批判和继承。

一般来说，社会意识来自两个方面：一方面，是对当时当地社会存在的反映，主要是对当时经济发展状况与水平的反映；另一方面，是对历史上传统思想的继承。社会意识的这种继承性，也让一个民族具有了自己的民族性和民族传统。但是，民族传统过于浓厚的国家，一般都不愿吸取外来文化，固守本民族的传统而不思改进，思想保守落后。因此，继承和创新也就成了社会意识发展过程中的基本条件和基本途径。

3. 社会意识的相对独立性突出地表现为对社会存在的反作用

社会意识之所以能够对社会存在发生反作用，归根结底还在于，它是对社会存在的反映，它是适应社会存在的要求而建立起来的，因此必然能满足社会的发展。同时，从本质上来说，社会生活是实践的，但这种实践绝不是盲目的，需要以思想意识为指导。

作用：反作用于或服务于社会存在

意识具有能动性，即反作用于或服务于社会存在，这是意识的用途和价值所在，也是意识得以产生和存在的理由和根据。

一、意识对社会存在的反映作用

意识的主要功能之一就是反映社会存在。这种反映包括两个方面：一方面是反映社会存在的发展要求；另一方面是反映社会存在的状况。也就是说，意识必须反映社会的物质生活条件的状况及其进一步发展的要求。

这两个反映是一致的，从逻辑上来看，第一个反映是目的，第二个反映是中介。反映社会存在的发展要求是通过反映社会存在发展的趋势得到的，反映社会存在发展的趋势则是通过反映社会存在的状况得到的。

从实践主体的角度看，人类存在是一种否定性存在和实践性存在。人类是实践主体，其需要的满足，必须通过自身的实践性否定性活动，对客观的外在条件进行否定性改变。

不同于其它动物，人类必须通过认识世界和改造世界来实现自身需要的满足。这也是人类意识产生和存在的客观根据。

1. 就意识反映社会存在（社会的物质生活条件状况）来看，意识反映的内容很多，主要对象是自然界，是人类赖以生存的最重要的自然前提，为人类生存提供基本的物质生活资料来源。反映自然界的社会意识，体现为反映自然界客观规律的各类自然科学，如物理、化学、数学、生物学、天文学等等。

人类改造自然界的活动状况与人类的生产能力相一致。反映人类生产能力的社会意识，就是各种反映生产过程的生产技术科学。

社会的物质生活条件还包括社会的生产关系状况，人类改造自然的物质生产实践活动不是单个人孤立地进行的，而是通过人类的相互协作关系来实现的，这种协作关系主要是人类的生产关系。

反映这种生产关系运动规律的社会意识，就是各种经济科学和社会管理科学等。反映社会存在状况的科学，主要是反映外界客体为主的社会意识。

2. 为了更好地认识世界和改造世界，人类不仅要把握客观世界这一外在物的尺度，还必须把握人类及其需要状况这一内在的人的尺度，使内、外尺度或人、物尺度有机地结合起来。反映人类自身及其需要状况的社会意识形成了各类社会科学，主要包括各类经济科学、伦理科学、政治科学、艺术科学、生理科学、心理科学、思维科学等。这些科学主要是以反映人类主体为主的社会意识。

再次，人类有效地从事改造客观世界实践活动的一个重要环节，就是要正确地把握和处理好人类主体与客体的相互关系。这种关系是指导人们正确从事实践活动的最基本关系，反映这种关系的社会意识就是各种宗教和哲学等。

最后，反映社会存在需要的意识，就是反映社会存在各种发展趋势的各类社会意识。这部分社会意识分别反映了社会生产发展趋势、生产关系发展趋势、社会政治生活发展趋势、社会文化生活发展趋势、人类需要的发展趋势等。其中，主要部分构成了社会的意识形态，反映了社会的经济基础并为其服务，往往带有阶级性。

总之，意识既是关于外部世界的对象意识，又是关于人本身的自我意识，也是关于人与外部世界关系的意识，以及对于所有意识的意识。意识是对于社会生活的全面反映，正是由于这种认识的反映功能，才使人类真正成为自觉的能动主体，并为意识的反作用提供和创造基本的前提。

二、意识对社会存在的反作用

意识对社会生活的认识作用只是意识的基础作用，意识对社会存在的反作用才是意识功能的根本内容，这也是意识的作用的根本目的。

意识反作用的基本含义就是，意识是一种精神力量，能够影响人们的头脑或思想，指导人们的实践活动，在一定的条件下能够变成物质力量，作用于社会存在或社会生活，对社会发展造成影响。

意识的反作用，可以从"质"和"量"两个方面加以分析。

首先，从质上来说。

不同性质的意识对社会存在起着不同的作用，革命的、先进的意识是历史发展的促进力量，而反动的、落后的意识是历史发展的阻碍力量。这是区别一切意识本质的根本标志。

决定某一意识作用性质的基本条件主要有两个：

其一，赖以产生并为之服务的经济基础的性质。一般说来，如果意识所反映的经济基础及其发展要求和发展方向在总体上适合并促进生产力的发展，它就是先进的；相反，反映不利于生产力发展的生产关系的社会意识，就是阻碍社会发展的落后的、反动的意识。

其二，以某种意识为精神武器的阶级或社会集团的历史作用。不同阶级、阶层和社会集团的利益和目的体现着经济基础的不同要求和不同发展方向。一般说来，先进阶级或先进社会集团的意识总是先进的，而落后的意识总是没落阶级或保守势力的。在阶级社会里，各种意识只有同一定阶级、社会集团的活动结合在一起，才能真正起到影响社会发展的作用。

其次，从量上来说。

无论意识的作用如何，其对社会存在的影响都有大小之分，程度有深浅、范围有大小、时间有暂久的。意识对社会存在的作用，主要取决于它实际掌握群众的广度和深度。即使先进的意识，对历史发展的促进作用也是不同的，掌握的群众越多，作用也就越大。

总之，意识反作用的实现既有质的规定性，也有量的规定性，是质与量的统一。这里，质决定着量，不同质的社会意识其作用的方向不同，其作用量的变化方向也各不相同。先进意识的总的作用趋势是不断增强的，落后意识总的作用趋势是不断削弱的，而这种变化又要通过两者旷日持久的斗争实现。尽管如此，先进的意识总能战胜落后、保守的社会意识。需要指出的是，意识对社会存在的反作用有其特殊的方式，就是通过思想斗争，使先进的意识战胜落后的社会意识，指导人们的社会实践活动。所谓思想斗争，也就是说理的斗争。意识的发生、发展及其发挥作用都要通过人脑，这就规定了意识领域中的斗争只能是说服的方式，而不能靠强制和压服。通过思想斗争、说理斗争来解决思想中的矛盾，这是意识独特的发展规律。

意识的反作用也就是意识的能动作用，这种能动作用不仅可以从"质"与"量"两个方面来考察，还可以从以下几个方面来加以理解：

1. 意识活动具有目的性、计划性

在反映客观对象时，人们总是基于实践的需要，带有一定的目的性、计划性和主观要求。

意识活动带有一定的主观倾向，尤其对现实具有维护和批判的功能。

意识不仅反映着社会现实，也从某种标准出发评价着社会现实。意识对社会现实的这种评价有两种情况：即正面的和反面的、肯定的和否定的。此两种情况直接导致了对社会现实的两种态度——维护和批判。

一般说来，统一性质的社会经济形态、政治形态和文化形态之间总会相互维护，彼此协调一致。一定的经济和政治形态总要维护相应的意识形态，一定的意识形态也要以维护相应的经济和政治形态为目的。

属于意识形态的各种意识相互配合，共同维护作为自己经济基础的政治经济形态，以自己特有的方式肯定它们所反映的社会经济、政治制度的现实性和合理性，并同时抵御和反驳来自敌对形态的攻击。

在阶级社会里，占统治地位的是统治阶级的意识形态，统治阶级把意识形态和政治经济紧密地结合起来，为自己的统治寻求理论上的支持。相反的，一定的意识形态对与自己的性质相对立的经济政治形态则采取批判的态度，这与维护统一性质的经济、政治形态是同一功能的两个方面。

在社会生活中，实现的社会经济、政治制度既是可能遭到反映已经衰亡的旧经济政治制度的意识形态的批判，也可能受到反映正在成长中新经济政治制度的意识形态的批判。

新旧意识形态对社会现实的批判，受到占统治地位的社会意识形态的抵抗。同时，意识形态的批判功能也包括对同一性质的经济形态和政治形态的批判，表现为对同一性质的经济形态和政治形态的意识形态内部的自我批判。

这种自我批判作为一种思想力量和精神力量，推动着社会矛盾的解决。但是，这种内部的自我批判是有限的，即它以一种迂回的方式从根本上维护一定的经济政治形态。

意识对社会存在的有目的、有计划的反作用，集中体现在人们按照理想以自己的行动改变现实满足自己的需要上。

2. 意识活动具有能动的创造性

意识对世界的反映是一个能动的过程，可是意识不仅可以能动地反映世界，还能够由感性认识能动地上升为理性认识，反映事物的本质和规律性；意识不仅可以复制当前的对象，还可以根据过去推测未来，创造出理想的人性化世界。

意识具有创新能力，不仅会以新观念指导现实的实践活动，还会创新社会存在的状况和条件，这是意识功能的最高表现。因为，人类意识最终要用来改造客观世界和人类社会的存在。意识的创新功能源于意识活动的主观创造性。

意识活动的主观创造性表现在创新功能上。每个人都有一个内涵丰富而又生动多变的精神世界，每个人的意识总会跟其他人的意识相互交融，形成完整的社会意识。

意识在反映客观现实的同时，也创造出现实中不存在的观念形态，表现为观念上的超前性。在日益加工过的现实存在面前，人的意识将越来越具有创新性，没有创新，也就没有发展。如果将过去看作是人类发现世界的过程，那么在发现世界已经达到一定程度时，将来就是一个创新的过程。因为等待我们去发现的世界会变得越来越小，创新的世界则是无限的。

除了主观创造性，意识活动还可能动地改造客观世界。意识的创新作用必须在实践领域中得以体现，即指导实践活动创造出新的物质和精神的财富。如果意识的创新作用仅仅体现在观念形态，就不可能确证意识的作用。所以，意识只有在实践活动中现实化、物化，创造出一种新的社会现实，才能在自身的物化或对象化中确证自己。

观念的创新和实践创新是意识创新功能的表现，二者相互推动、相辅相成。观念创新引起实践的创新，实践创新又引起和促进观念的创新。在相互推动、相辅相成的过程中，人的意识既可以在有限的客观现实中找到定位，也可以在无限发展的过程中设计发展，创造出前所未有的道路。

这里需要指出的是，辩证唯物主义强调意识的能动作用，并不意味着否认了"物质第一性、意识第二性"的唯物主义原则。恰恰相反，这种能动作用正是从辩证的角度说明了辩证唯物主义与其他唯物主义的区别，说明了辩证唯物主义与其他唯心主义的本质的不同。当然，在强调意识的能动作用时，也要强调意识发生作用的客观物质条件，只有具备了客观物质条件，意识才能充分发挥其指导人们改造世界的作用，才能得以物化。

三、意识和人工智能

在信息化社会，人工智能代替人的思维已成为了日常生活中的普遍现象。所以研究人工智能对人的意识的关系也就成了辩证唯物主义哲学探讨的一个重要课题。

人工智能是对人的思维的模拟，即在现代计算机的作用下，对人脑的思维功能的模拟，对人脑思维的信息过程的模拟。

对人的思维的模拟，或者是结构的模拟，或者是功能的模拟，从现代科学发展来看，对结构的模拟尚存在困难，但对功能的模拟已经成为现实。

功能模拟撇开了人脑结构与社会意识的社会性特征，把人脑作为一种信息处理过程，即信息的输入、存储、加工、输出的过程，通过这个过程构成人工智能。

人工智能是用输入器模拟人的感官，接受外来的信息；用存储器模拟人对信息的记忆，把信息积累起来，以供随时使用；用运算器模拟人脑对信息加工分析、处理的过程；用控制器模拟人脑调节各方面的信息，指挥其按各项指令正常运行；用输出器代替人的效应器官用以输出信息。

其实，人工智能就是对人的思维器官的延长，对思维功能的放大，是一种"机器思维"。"机器思维"和人类思维有着本质的区别，主要体现在四个方面：

1. 机器人毕竟是机器，电脑只是人脑的模拟物，它是一种电子管、晶体管、集成电路等电子元件组成的机械的、物理的装置，人工智能是无意识的机械、电子的过程。而人类意识则是生理的心理的过程。

2. 人工智能没有社会性。它不能探求任务本身的社会意义，只是等待指令而不顾后果，人类智慧则具有社会性和能动性。

3. 人工智能没有人类意识所特有的创造性。电脑可以储存大量信息，但是它却不会提出问题，创造性地解决问题。人类思维则能主动地提出问题，创造性地去解决问题。

4. 电脑可以代替人脑的劳动，但是电脑只能接受人的指令，人必须首先把思维的程序机械化、信息化，电脑才能工作。人类思维则是随着社会实践的发展日新月异地变化的。

电脑是人脑日新月异变化发展的产物，但电脑是不可能代替人脑的。当然，人工智能的发明，对人类理解人的意识的本质作出了科学的证明。它不仅说明人的意识是自然界高度发展的产物，也说明了人类意识本身也是物质的表现形式。模拟人的思维证明了人的意识是按一定的程序的，也是一个客观的可以认识的过程。

第二章

人类思维的起源与进化——智慧活动

高级智慧生物人类的诞生

地球上生物众多,生长在同一环境下,为何只有人类可以进化成最有智慧的生物呢?

一、对人类诞生问题的研究

英国著名生物学家查尔斯·罗伯特·达尔文认为"物竞天择,适者生存",意思是说,生物之间会互相竞争,只有适应力强的,才能最终存留下来。1859 年,达尔文出版了《物种起源》一书,阐明了生物从低级到高级、从简单到复杂的发展规律。1871 年,他又出版《人类的起源与性的选择》一书,用很多证据说明人类是由已经灭绝的古猿演化而来的。达尔文揭示了人类的起源,但他没有认识到人和动物的本质区别,无法解释古猿是如何演变成人的。

1876 年,恩格斯提出了"劳动创造人类"的科学理论,指出人类之所以能从动物状态中脱离出来,根本原因是劳动,人和动物的本质区别也是劳动。恩格斯还论述了从猿到人的演变过程:最初,古代类人猿成群地生活在热带和亚热带森林中;后来,为了寻找食物,部分古猿下到地面活动,逐渐学会了用两脚直立行走,前肢被最终解放出来,学会了石块或木棒等工具的使用,最终发展到用手制造工具。同时,在体质上,包括大脑都得到了相应的发展,出现了人类的各种特征。恩格斯称生活在树上的古猿为"攀树的猿群";称从猿到人过渡期间的生物为"正在形成中的人";称能够制造工具的人为"完全形成的人"。制造工具是一种有意识的活动,也是人类区别于动物的特征,标志着从猿到人过渡阶段的结束。

除了马克思主义唯物史观对人类产生的认识外,目前诸多生物学研究也给我们提供了新的视角。研究发现，人类的产生和其他生物产生的原因是相同的，都是基因变异。具体体现在以下几个方面：

1. 产生了新物种的基因变异。人类是一种生物发生基因变异，在自己或下一代立刻变成了最初的新人类。这是产生新物种的重大基因突变。虽然新人类的功能很不完善，但他们却是一种新物种。

2. 同一物种的基因变异。环境和人类自身的行为缓慢地改变了基因，改变有大有小，但不会产生新物种。这一点，也在本代或下一代直接表现出来。小的变异，比如子女跟父母有些不同，这就表明基因在本代已经发生变异。大的变异，比如先天性贫血、先天性兔唇、畸形婴儿等。

3. 基因都是突变的，都是 DNA 长链的突然改变。因此，最初的人类是来自新物种的基因变异，而现代人类则是新物种之后同一物种的基因变异不断优化的结果。

二、人脑的智慧光芒

无论是马克思主义唯物史观，还是现代生物学研究，都说明了一个事实：人类的进化过程是一个播种智慧、养育智慧、构筑智慧、创造智慧的过程。

智慧的物质载体是人脑，而人脑是由遗传而来。人脑的早期进化主要是维持人体生命的生理功能中枢、运动与平衡中枢的进化；后期进化主要是前期中的大脑进化，是人类的智力中枢区。促进大脑进化的因素有很多，最主要是制造工具、劳动、语言的发明与使用。

语言是人类进行思维和表达思想的手段，是人类最重要的交流工具，也是人类区别于其它动物的本质特征之一。自从人类发明了语言，人类大脑的重量和结构便进入了快速增长阶段。这一点，足以说明语言对于人类进化的重要性。

人脑是智慧的物质基础，通过后天的学习，人类能够掌握语言和科学技术，而其它动物却做不到这一点。人脑是意识的物质载体，意识是人脑对于客观物质世界的反映，是感觉、思维等各种心理过程的总和。人类的遗传使我们具有了这种潜在智能。最重要的一种智能就是，能够识别和学习人类创造的信息体系智能。人类的信息体系主要包括语言、文字、符号、图形等，也就是说，我们的大脑不是空的，包含了形成潜在智能的全部信息。

潜在智能是人类祖先遗传下来的智慧。在人类进化的漫长时间里，人类的基因中保留下了自然界运行规则的"印迹"或"秩序"。比如，关于时间的一年四季、日出日落等；关于空间的大小、高低、远近等。经过几亿万年的进化，这种印迹慢慢地以遗传基因的方式储存到人类体内的基因中，是智慧进化最原始的开端。同时，人类的智慧进化，是由于大脑吸收了知识信息，注入了社会实践获得的经验信息。这些信息不仅进一步丰富了大脑的信息库，还开发了人类的先天智力。没有这些信息，人类的先天智力就无法得到开发，智慧也会被封闭在大脑里，也就不能转化为社会人。

人类是地球上生物进化的集大成者，确立了食物链最顶端的地位，其它生物也就失去了竞争机会。可是，放眼全宇宙，其他星球上有没有智慧生命？就目前已有的认知来说，每种生物都有着巨大的潜能，人类同样如此，能否开掘出来，主要依赖于生物顺应环境的能力。

智慧活动生物学原理：神经系统应激反应

所谓应激反应指的是，个体对应激源刺激发生的反应。人类的神经系统可以感应和控制整个身体，而人的所有智慧活动都是因为人的神经系统的应激反应造成的。应激反应既是人类神经系统的反应机制，也是人类智慧活动的体现。

一、人类神经系统应激反应基本原理

人类之所以能感知身体的各个部位，并控制其运动，是因为大脑神经能感应和操控肌肉上的神经。比如：之所以能感觉到疼痛和冷热，是因为各处的神经能感应伤害和温度传到大脑神经；之所以具有情感，是因为大脑神经不断接收外界信息时是时刻运转的。

大脑神经会对多种大脑神经运行事件产生相应的应激反应，继而引发身体一系列反应。比如，情感反应中的悲痛。人类遇到难过的事或想到伤心的事后，大脑神经就会产生应激反应，调动内分泌、情感神经产生忧伤的心情状态，身体也会跟着配合，可能会哭、会掉眼泪。再如，情感反应中的欢喜。如果中了大奖，当事人的大脑神经"明白"这件事的意义后，就会发生应激反应，调动情感神经产生激动高兴的心情，身体也会在调控下心跳加快。

至于神经系统的应激机制，则是记忆和人格的影响结果。对同样一件事，大脑神经会出现不同的应激方式。比如，某人的父亲去世了：第一种情况是父亲很爱他，父子俩关系很好，某人感到很难过，想到以前跟父亲相处的点点滴滴，他哭了；第二种情况父亲很暴力，酗酒嗜烟，时常打他骂他，他害怕父亲，现在终于解脱，他开心地笑了。

人格就是当事人过去遭遇了不同的事，遇到不同的人并和他们产生交集、以及父母遗传的结果。而产生相应应激的原因是，在长期的人类祖先生活过程中，对各类刺激产生不同反应反复训练的结果。

二、个体应激反应下的心理和生理变化

个体的神经系统应激反应包括两种反应变化：心理的和生理的。

1. 心理反应

个体对应激的心理反应存在积极和消极的两个方面：积极的心理反应就是，大脑皮层觉醒水平提高，情绪紧张亢奋、意识清醒、注意力集中、思维清晰，反应敏捷，行动果断，能够准确地评定应激源的性质，做出符合理智的判断和决定；消极的心理反应表现为，过度焦虑、紧张，意识不清，认识水平降低，情绪波动较大，思维混乱，失去了判断和决策能力。

（1）在心理反应过程中，与人们的身心健康密切联系的主要是情绪和行为方面的反应和变化。在情绪反应方面，表现形式主要有焦虑、恐惧、愤怒和抑郁等。

焦虑是个体预感危险来临或事物的不良后果时的紧张、担忧、急躁和不安的情绪状态。适度的焦虑可以提高人的警觉水平，促使人们采取行动，适当提高人们对环境的适应和应对能力；而过渡焦虑则会干扰人的正常思维和行动，不利于心理压力的排解。

恐惧是一种企图摆脱已经明确的特定危险而受到伤害或威胁生命的逃避情绪状态。

愤怒是由于个体在追求目标时受到阻碍或自尊心受到伤害时所表现的情绪激动，脾气暴躁、甚至采取过激行为发泄不满的情绪状态。

抑郁是消极低沉、悲观、失望、厌世、孤独无助的情绪状态。

（2）在行为反应方面，主要表现为回避与逃避、敌对与攻击、退化与依赖、无助与自我放弃。

回避是指，提前知道应激源会出现，立即采取行动，避免与应激源的接触。逃避是指，已经接触应激源后，采取行动远离应激源。两种方式都是为了避免发生强烈的应激反应所造成的心理上和身体上的伤害。

敌对指个体表现出来的不友好、憎恨、怒目而视等情绪。攻击指个体的行为举止对他人构成威胁和侵犯。

退化指的是，无法承受挫折和应激反应带来的压力和冲击，表现出来的与自己年龄不相称的幼稚行为，获得别人的同情和支持。依赖包括对人的依赖和对物的依赖。对人的依赖指，需要别人的照顾和帮助完成一些本因自己能够完成的活动；对物的依赖，主要指借烟、酒、药物度日，麻痹自己，暂时摆脱烦恼和困境。

无助指的是，面对应激情境无法控制的局面，个体表现出来的无能为力、听天由命、被动挨打的行动状态。自我放弃指的是，面对应激，个体多次努力应对，在无法奏效的情况下表现出不再力争的行为状态。

2. 生理反应

个体对应激的生理反应过程是通过神经系统内分泌系统和免疫系统相互间联系和调节作用来实现的，整个调节过程从三个方面进行：

（1）交感神经、肾上腺髓质系统的调节作用。一旦机体遭遇特殊紧急情况，比如严重脱水、失血、暴冷暴热以及乏氧窒息等，或应激状态时，交感神经系统的兴奋性就会提高，反应也会变得异常灵敏；血液重新分配，内脏血管收缩、肌肉血液增多，心率加快，心输出量增加；肝糖原及脂肪分解，血糖升高，游离脂肪酸增加，为机体适应和应对紧急情况或应激反应提供充足的能量。如果应激反应过于强烈或持续时间太长，还会造成副交感神经活动相对增强或紊乱，使心率变慢，减少心输出量，血压下降，血糖降低，继而引起眩晕或休克。

（2）下丘脑、腺垂体、肾上腺皮质系统的调节作用。腺垂体和肾上腺皮质都是人体重要的内分泌腺。当应激源作用于人体感官时，就会引起神经冲动，通过脑干的感觉通路传递到下丘脑，促使肾上腺皮质激素分泌出因子（CRF）；之后，CRF通过脑垂体门脉系统，作用于腺垂体，使腺垂体合成分泌促肾上腺皮质激素（ACTH）；接着，CTH刺激肾上腺皮质激素的合成与释放，引起一系列生理反应。在应激状态下，ACTH和糖皮质激素的分泌量会大大增加，机体对有害刺激的耐受力也会增强。糖皮质激素能提高机体很多组织对神经和内分泌调节因素的反应能力，有抗炎症、抗过敏、抗休克和抗毒素等作用。在应激状态下，分解代谢类激素如皮质激素、髓质激素、生长激素和甲状腺素等分泌量会增加，而合成代谢类激素如胰岛素、睾丸素等分泌量则会减少；恢复正常状态时，上述激素分泌的变化正好相反。

（3）神经、内分泌、免疫系统的调节作用。神经系统、内分泌系统和免疫系统之间存在着密切联系，一方面神经系统直接支配着胸腺、淋巴结、骨髓、脾等免疫器官，通过羟色胺等递质作用于免疫细胞上的受体；另一方面，促肾上腺皮质激素等也会通过与淋巴细胞表面的受体结合发挥调节作用。研究发现，温和而短暂的应激反应不会影响或略增强免疫功能，而强烈持久的应激过程则会影响下丘脑的正常功能发挥，使皮质激素分泌过多，导致胸腺和淋巴组织退化或萎缩、巨噬细胞活动能力减弱等，从而导致机体免疫功能的下降。而机体免疫功能下降，会直接引发导致各种疾病，影响神经系统和内分泌系统功能调节的正常发挥。

人类思维的进化：思维能力的进化和思维方式的进化

人类的思维活动始于古猿阶段。古猿进化为人以后，进化过程并不会停止，还在不停地进化着，包括肢体和思维两个方面的进化。思维方面包括思维能力和思维方式。思维能力体现在人类脑细胞的进化及其对复杂事物的分析判断和理解能力；思维方式表现在思维过程中所采取的方式方法上，如分析法、综合法。但二者并不是孤立的，而是互为体现。

一、人类思维能力的进化

人类思维能力的进化是由简单到复杂，由低级到高级发展起来的。人类的思维能力继承着古猿的思维能力，是由古猿的简单思维发展、演化和丰富起来的，不是"从无到有"而是"从有到健全"。人类的形体由古猿的形体变化而来，人类的语言也由古猿的呼唤变化而来。

总体来说，人类的思维过程共分为三个发展阶段：

1. 人类的本能性思维

人类的本能性思维（又称为原始思维）是在猿类的早期阶段形成的，猿类依靠这种思维方式进行生活和繁衍，躲避灾难和危险。

猿类为了生存和繁殖而进行的本能性思维，是一种固定模式的思维。犹如电脑的一个程序，设计好程序后，电脑就能照此程序完成一系列操作。猿类的本能性思维是动物思维进化的一个阶段，是一种比较合理的、科学的程序，是猿类在进化过程中自然形成的。

猿类的本能性思维是自己进化的结果，在向人的转化过程中，猿类也就形成了一套科学程序，同时也为今后的进化保存了一定的空间。形象思维就是以此为基础产生的。

2. 人类的形象思维

形象思维的大发展时期是在猿类阶段的后期和人类初步形成的时期，尤其是人类形成以后，继承了猿类的原始思维和初步形成的形象思维，形象思维发展丰富起来。

形象思维打开了原始思维程序的突破口，使猿类开始主动进行思维活动，在已具有的、原始思维指导下的活动能力的基础上，增加了思维的主动性和活动的自由性，使猿类可以自主地认识自然，利用自然，提高生存和生活能力。比如，发明原始的工具，用于猎取食物、打击来犯之敌。这些都在猿类的生活和种族繁衍中发挥了举足轻重的作用。甚至可以说，形象思维的产生使得猿类进化为人，是猿类进化到人的关键。

3. 人类的抽象思维

抽象思维不同于形象思维。抽象思维是将思维的事物用一个抽象的符号表示出来，这个抽象符号被赋予了所代表事物的全部性质，以这些性质为依据，对符号实施思维，思维后的判断和结论也要用抽象符号来表达，这种思维过程就是抽象思维。在抽象思维中，脑细胞中出现的是物象的代理符号，而不是物象本身，所有分系、判断和结论都体现在对事物性质的把握和对符号的运算上。

人们最早发明的、能够代表事物概念的符号是语言，而语言中的语音就是代表事物概念的声音符号，人类用语言进行交流时所说的和所听到的，都是这种声音符号。听到某个语音时，将听到的语音所代表的事物性质保存在大脑中，进行思维和判断，然后将判断结果用相应的语音说出来，说出来的语音就是判断的语音符号。

人类的语言是逐渐发展起来的。在进行形象思维的过程中，人类已经出现了少量的语音，这也是人类抽象思维的萌芽。抽象思维是同语言一起发生和发展起来的，其发展的全部过程都伴随着语言发展的全过程。

语言虽然给抽象思维提供了一定的物质基础，但语言符号是一种声音符号，是依靠空气进行负载和传播的，一旦负载了语言的空气频率和功率发生改变，语言也就随之消失。所以，语言符号是不能长久地保存下来的，语言所表现的抽象思维模式也不能保存下来。因此，用语言符号进行的抽象思维只能处于发生和发展的初级阶段。

如果想让抽象思维进行有效的传承，将抽象思维发展得更加完善，就必须发明出更好的、有形的、可以储存的符号，并将这种符号纳入抽象思维中，将抽象思维保存下来，传承下去。这种符号就是文字。

文字是人们用笔写出来的符号（最初是刻写在沙土或山石上）。将文字写在纸上，文字所表达的信息就会附在纸上。文字是有形的，只要提前通过学习来认读这些文字，就能接收到文字所表达的信息，同时也能在接收信息的过程中接收相应的思维方式。由此，抽象思维也就得到了传承。

抽象思维伴随着语言的诞生而出现，伴随着语言的成长而成长。但是语言是一种无形符号，到了一定时期，语言就会阻碍抽象思维的进一步发展和完善，影响到抽象思维的传承。所以在只有语言没有文字的时代，抽象思维一直都没有得到完全发展，只有到人类发明了文字后，有了文字符号的参与，抽象思维才发生了根本性变革，进入健康的、快速、有序的发展新阶段。

综上所述，本能性思维主要表现在猿类的整个生活过程中，猿类进化的最后阶段是形象思维的形成时期。猿类进化为人后，语言的产生给抽象思维的萌芽奠定了物质基础。形象思维产生后，原始思维并没有消失，而是和形象思维一起被人类所使用。同理，抽象思维产生后，原始思维和形象思维也没有立刻退出历史舞台，三种思维方式叠加到一起。现在的思维方式是一种综合性思维方式，主要包括原始思维、形象思维、抽象思维等。

二、人类思维方式的进化

思维方式体现在每一个思维过程中，主要使用到的方法有：分析法和综合法。

1. 分析法，就是将某个事物进行合理划分，通过这种划分，将事物分解为若干部分，考察每个部分的形状、功能等性质，最后将部分功能之和作为整体事物的性质和功能。比如，西医和拼音文字等。

2. 综合法，就是首先对每一个部分的性质和功能进行考察，然后考察部分与部分之间的作用原理，找到事物整体的性质和功能。比如，中医和国学等。

其实，不论是形象思维阶段，还是抽象思维阶段，分析法和综合法都是被一起使用的。形象思维和抽象思维为"经"，分析法和总和法为"纬"，一"经"一"纬"共同构成了思维空间。但比较起来，综合法比分析法要更科学、更合理一些。

分析法的基础是解剖学理论，先研究个别部分的功能，然后将个别功能相加作为事物的整体性质，这个过程无意地遗漏了部分功能，且是重要的功能。因为一件完整的事物本身具有事物某一部分的个体功能，也同时具有部分与部分之间的共同作用。分析法恰恰是忽略了部分与部分的共同作用。

第三章

科学思维方法的演进
——从思辨到抽象再到辩证

古代科学的思辨思维方法

原始社会产生的人类原始思维以感性认识为主,其最大特点就是具体性和直观性,那时的人类还不具备抽象思维的能力。进入古代社会后,人类的思维比起原始社会有了很大发展。在我国有文字记载关于方法的论述,可以追溯到公元前8世纪的西周时期。西方国家关于思维方法的最早、最高的成就,大约产生在公元前7世纪到公元前3世纪的古代希腊。其实,无论是在我国还是在古希腊,古代的科学思维方法都具有直观与思辨的特征。

一、我国古代科学的思辨思维

思辨思维包括观察、认识、分析、判断及方法等。我国古代的思辨思维从一开始就是建立在对自然与人的观察上。

1. 西周时期

西周时期的五行、阴阳、八卦等学说,虽然有许多直观猜测或非科学之处,但其中却包含有朴素的辩证思维方法。

"五行"学说认为,世界万物由金、木、水、火、土五种要素组成,五种元素相生相克。

"阴阳"学说认为,阴和阳的对立统一,是天地万物运动变化的规律,是事物生长、衰亡的本质,也是人们认识事物的开端。

"八卦"学说认为,"太极生两仪、两仪生四象,四象生八卦",世界万物的变化都是由阴阳的不同排列所导致的。

这些思想不仅在相当长的一段历史时期内对中国人思维方法的发展造成了巨大影响,还影响了中国科学技术尤其是医学、数学和天文学的发展。

2. 春秋战国时期

春秋战国时期是我国思想史和科学技术史上一个光辉灿烂的时期，思想和科学技术的发展促进了思维方法的发展。当时，体现思辨智慧的事例众多，典型的例子就是"两小儿辩日"。

孔子东游齐国途中，看见两个孩子在那里争论不休。一个孩子说，太阳从东方出来时离人近，因为初升的太阳大得像车上的伞，到了中午只有碟子那么小，因为远显得小近则显得大。另一个孩子认为早晨天气寒冷，到中午却很热，这是因为太阳中午近了才觉得热，远了感觉到凉。这种思维的思辨特点，让儒家集大成者孔子也无法判断谁是谁非。

春秋战国时期，许多思想家都探讨过思想方法领域的理论。比如：孔子提出过"举一隅而以三隅反""闻一而知十"等类比的方法；墨子注重实际验证或实际应用的经验方法；孟子讲尽心，主张反省内求，也是一种直觉的方法。在当时的名辩思潮中，惠施、公孙龙等人的论辩反映了一般与个别、相对与绝对的矛盾，他们都从不同的侧面割裂了个别和一般、相对和绝对的关系。

后期，墨家把它们结合起来，对推动我国古代思想方法论的发展具有重要意义。以墨子为代表的墨家学派提出了"明故"即分析因果与条件关系，以及"察类"即明确种类关系等思维方法。墨子及其后人所著的《墨经》系统论述了概念、判断、推理等各种思维形态，明确提出以概念反映事物及其属性、用判断展现人的认识、提出论说的理由和根据等逻辑思维方法，同时还对思维规律的基本内容作出了明确规定。

3. 先秦时期

在先秦时期的诸子百家中，最值得一提的是荀子的思想方法。他在《天论·劝学篇》中强调，人的能力有许多局限，要想克服这些束缚和局限，就要借助客观条件，扬长避短，使用正确的方法，运用得力的工具和手段。

在公元前3世纪，人们还不能摆脱对自然的膜拜、畏惧与屈从，荀子积极倡导人们充分认识并发挥自身的力量，认为只要善于学习、方法得当，就能战胜自然。这种朴素的唯物主义思维方法，有利于人们放弃对"天"的消极依赖，积极研究与发展胜"天"的方法。

在谈论到人的修养时，荀子也作过精辟的论述。他认为对待人性格上的各种缺陷，要对症下药，用不同的方法克服不同的缺点。但不论采取什么方法，都要合乎礼仪，都应得到老师的指点，都要全神贯注，专心致志。这种辩证的思想方法，直到今天依然散发着思辨的光辉。

二、古希腊的思维方法

古希腊学者大多集哲学家和科学家于一身，他们通过自己对认识论和方法论的研究，为人类的科学技术发展引入了不可或缺的要素——方法论，为科学的发展奠定了坚实的基础。比如，德谟克利特、苏格拉底等人分别研究的辩证法、演绎法、归纳法和类比法等多种思维方法。

亚里士多德是这一时期系统研究科学思维方法的代表性人物，他总结了古希腊学者对逻辑问题的研究，完成了逻辑方法论。不但把逻辑确立为科学方法，创立了三段式为主的归纳演绎方法，还写出了系统论述方法的专著《工具论》，首次将思维方法上升为一整套系统理论。

古希腊的思维方法具有一定的唯理主义倾向。当数学和天文学从古埃及和古巴比伦传入希腊时，古希腊的学者对这些知识作了认识论和方法论的考量，他们认为科学知识是理性对事物本质的认识，知识应符合可证明性、精确性和必然性等规范。

由此可见，随着古代科学技术的产生与发展，形成了古代的科学思维方法论，即古代形态的经验方法论和理性思辨方法论，这两种方法论也是现代科学思维方法论的两个主要历史渊源。

三、古代思辨思维方式的弊端

古代的思维方法普遍带有朴素直观和猜测性质，但弊端也很明显，思辨思维常常缺乏经验事实做基础，空泛的议论较多，实质性的内容较少，逻辑推理的思维方式淡化，不追求严密的公理化体系。

恩格斯认为，那个时代的辩证思维是以原始的朴素形式出现的。因为在那个时期，人类的生产发展水平和科学水平都很低，认识主要的任务是从质上区别客观事物。如此，就形成了这个时期的思维特点：没有足够的科学根据，带有朴素直观和猜测性质，以形式逻辑推理为手段。

近代科学的抽象思维方法

近代科学思维方法的重大进步是从 14 世纪末 15 世纪初开始的，在突破西方"黑暗的中世纪"神学束缚与我国古代重儒学轻科技的影响而发展起来的，一开始就重视实验与抽象的结合，带有形而上学的特点。

一、形而上学思维方式的形成和发展

从世界范围内有影响的近代科学来说，其科学研究的特点是，实验、观察的方法被广泛运用，实验与抽象并具形而上学特色的科学思维方式开始形成和发展。

16、17 世纪，实验与观察基础上的经验科学不断取得辉煌成果。

1543 年，波兰天文学家哥白尼根据实际观测提出了"日心说"，推翻了古代托勒密靠推算得出的"地心说"。开普勒在第谷·布拉赫的大量天文观测数据基础上，发现了行星运动三定律，进一步发展了哥白尼的天体学说。同年，荷兰人维萨留斯在对人体进行解剖实验的基础上，发表了《论人体构造》一书，纠正了以前对人体的许多错误观点。还有，著名的自然科学家、画家达·芬奇利用实验方法研究了栋梁所能承受的重量与栋梁粗细和长度的关系。

17 世纪，意大利物理学家、天文学家伽利略在比萨斜塔上进行了著名的自由落体实验，推翻了统治物理科学界 1000 多年被奉为物理学界权威的亚里士多德提出的"重的物体先落地"观点，建立了自由落体定律。他还进一步发展了刻卜勒等人的成果，发现了万有引力定律，在光学、天文学、数学等方面都取得了杰出的成就。

在这个时期，我国的明朝也出现了早期资本主义萌芽，出现了一些运用实验方法的范例。例如，明代医药学家李时珍在大量观察实践的基础上写出了长达52卷的医药学名著《本草纲目》，纠正了《黄帝内经》中的错误，同时，提出了"脑为元神之府"的见解，认为人的大脑有思维功能。

14世纪末到17世纪，科学大大地向前发展，证明了实验方法、观察方法的有效性和巨大威力。而所有取得的科学成就，都包含着近代科学思维方法的特点。

二、实验与抽象的思维方法的形成

随着近代实验与抽象为特点的科学研究方法的成功，具有实验与抽象特点的近代科学思维方法也应运而生。对于近代科学思维方法及其特征，近代的哲学家也从理论上进行了研究。

英国哲学家弗兰西斯·培根发表了著名的逻辑学著作《新工具》，指出以亚里士多德为代表的只注重演绎不注重归纳的旧思维方法已过时了，认为科学必须探求自然界事物的原因和规律，最重要的方法是实验的方法。而实验是有计划的，必须一步一步地归纳实验结果，最后得到规律性的认识。

培根在《新工具》一书中，重点研究了经验科学的认识论和方法论的问题，提出了所谓的"三表法"：共存表、差异表、比较表。通过这些表，借助排除的方法，就能找到事物发展的真正原因。培根建立了归纳逻辑，揭示了实验方法的特点和巨大作用，对近代科学方法论和科学思维方法论作出了重大贡献，被称为"现代实验科学的真正始祖"。

在近代实验与抽象思维方法的长足发展时期，数学和演绎思维方法也获得了较好的发展。比如：数学方面，1614年耐普尔提出了对数计算法，1637年笛卡尔创立了解析几何，后来牛顿和莱布尼兹分别创立了微积分。随着数学的不断发展，数学演绎方法也成为人们认识自然和进行思维的重要工具。

这一时期，数学方法的作用不断更新，为科学实验方法提供了定量研究的有效工具，成为牛顿等人进行抽象论证和推理的重要方法。

三、形而上学思维方式的局限性

近代科学形而上学的研究方法在历史上发挥过积极作用，被恩格斯称为近代"400年来在认识自然界方面获得巨大进展的基本条件"。

近代科学思维方法是机械的、形而上学的，其弊端与当时科学方法的局限性紧密连接在一起。当时，人们都用分割和力学的观点来看问题，认为"动者恒动，静者恒静"。比如，笛卡尔把动物看作机器，法国的拉美特利则把人看作机器，普遍认为"动者恒动，静者恒静"，世界没有发展。当科学家进一步深入研究时，这种思维方法就成为一大障碍。再如，牛顿对于时间、空间的解释，就是永恒不变的观点。

现代科学的辩证思维方法

现代科学思维方法是应现代科学发展的需要而产生的，相对于古代思维方法的直观与思辨特征与近代思维方法的实验与抽象特征而言，现代科学思维方法具有显著的辩证性。

一、辩证思维方式的形成与发展

要想了解辩证思维方式的形成，必须追溯到现代以前的一段历史。

18世纪中期以后，随着自然科学、社会政治、理论研究等飞速发展，思维方法渐趋成熟，新的思维方法逐渐取代了旧的思维方法，给新的科学思维方法的形成奠定了基础。

1. 自然科学

在自然科学方面，打开了近代形而上学思维方法的一系列缺口：

（1）力学。1755年，德国哲学家康德在《自然通史和天体论》一书中提出了太阳系起源的"星云假说"。他综合了当时天文学、力学的成就，根据观测到云雾状天体的资料，认为太阳和一切行星是由弥漫物质，即星云团通过自身的吸引而不断凝聚，又由于排斥而发生的旋转，逐步发展成为有秩序的天体系统。过了半个世纪，他的观点由拉普拉斯从数学上作出了证明；又过了半个世纪，分光镜证明了在宇宙空间存在着凝聚程度不同的炽热的气团。康德以星云假说，力图从物质本身的运动和发展来说明天体的形成，把宇宙看作是在时间中运动、变化和发展的过程，否定了牛顿的"上帝的第一次推动"的观点，推翻了世界不变的观点。正如恩格斯所说："康德在这个完全适合于形而上学思维方式的观念上打开了第一个缺口，而且用的是很科学的方法，以致他所使用的大多数论据，直到现在还有效。"

（2）化学。18世纪下半叶以后，化学研究中先后出现了拉瓦锡的氧化理论、道尔顿的原子论。1828年，德国的青年化学家维勒写作了《论尿素的人工合成》一文，用普通的化学方法，在氰、氰酸银、氰酸铅、氨水和氯化铵等无机原料中，从不同的途径都可合成同一有机物尿素。他还证明了一些有机物和一些无机物有着相同的化学成分，从而彻底打破了有机物和无机物之间不可逾越的鸿沟的观点。

（3）地质学。18世纪的欧洲在产业革命后，工业发展很快，修铁路、开矿山、挖运河，在不同的地层中挖出了不同的古生物化石。英国的赖尔1830年发表了《地质学原理》一书，标志着地质科学中进化论学派进一步发展，以丰富的材料论证了地球地质的自然变化，第一次把理性和科学带进地质学中，否定了由于造物主而使地球发生变化的"激变论"。

（4）物理学。17世纪和18世纪初，一切物理现象都被解释为力，如"光力""热力""电力"。而各种力之所以不同，是因为有不同的"质""素"。热现象的产生是因为有热质，燃烧是因为有燃素。1842年前后，德国的迈尔、英国的焦耳等人，从不同的途径分别发现了物理热效应中的能量守恒原理，证明各种能量可以转化，但不能创造和消灭，证明了自然界中整个物质运动的统一。

（5）生物学。显微镜的使用，使生物学研究得到很大的发展。德国植物学家施莱登于1838年发表《植物发生论》的论文，认为一切植物的最基本构成单位都是细胞。1839年法国的施旺发现除了植物、动物最基本构成单位也是细胞，这就是使植物和动物统一了起来。随着细胞的发现，有机体产生、成长和构造的秘密也被揭开。另外，生物进化理论也逐渐形成。1759年德国胚胎学家沃尔弗发表了《发育论》，对物种不变进行了第一次有力抨击，并宣布了种源说，提出了简单进化论的思想。19世纪初，科学家奥肯、拉马克、贝尔等都对进化论学说的发展作出了很大贡献。1859年，英国生物学家达尔文出版了《物种起源》一书，揭示了生物由简单到复杂、从低级向高级发展变化的自然图景，阐明了有机界物种千差万别的原因。

2. 社会政治

在社会政治方面，19世纪的社会政治条件也为新的科学思维方法的诞生提供了重要条件。这个时期，资本主义的生产关系在欧洲全面确立，各种社会矛盾比较充分地显露出来，人们可以从质和量两个方面对它进行透彻的研究了。以欧洲著名的三大工人运动（法国里昂丝织工人两次起义、英国宪章运动、德国西里西亚纺织工人起义）为代表，无产阶级作为独立的政治力量登上了政治历史舞台，迫切要求有代表自己利益的新世界观和思维方法的产生。

3. 在理论研究方面

在理论研究方面，产生新的科学思维方法的条件已经成熟。比如，康德发现了旧的思维方法不适应的方面，指责近代欧洲盛行的经验论与唯理论都是独断论，并阐述了思维如何把握矛盾的问题。后来又有一些人做过这方面的尝试，并作出了一定贡献。最有成就的是德国的哲学家黑格尔，在研究思维时，他以自然科学为依据，把宇宙万物，包括人类社会的发展都用概念的发展变化表述出来。他认为，一切都是发展变化的，必须用联系和发展的观点与方法来思考问题，认识问题。这是一种辩证思维，但黑格尔认为，这种精神实体与宗教神学中的上帝类似，陷入唯心主义。

在以上几种元素的共同作用下，马克思和恩格斯扬弃了黑格尔唯心辩证法，创建了唯物辩证法。马克思和恩格斯还在许多著作中，对观察、实验、比较、假说等科学方法作过科学论述，对归纳和演绎、分析和综合、历史和逻辑以及抽象和具体等辩证思维方法进行了深入研究，并将这些辩证思维运用在各自的科学研究中。

当然，辩证思维方法不是思维方法发展的顶峰，人类的思维能力和思维方法还在实践中不断前进和发展。从19世纪末到20世纪初，物理学发生了一场巨大革命,各门科学都有了快速发展。科学思维方法发生了重大变化,科学思维方法论在科学知识中的比重日益提高,科学思维方法论对科学发展的作用也日趋显著。

科学思维方法论的应用与当今科学发展的特点紧密联系的,具体表现为:

第一,科学对自然和社会的研究日益广泛、深入,科学研究中直观性程度减少,抽象化程度大大提高,产生了逻辑思维方法高度发展的必要性。

第二,科学的进一步分化和综合产生了新兴学科和边缘学科,提高了科学研究的整体性和综合性,产生了系统理论等具有方法论意义的新学科。

第三,现代科学发现了一系列原有科学理论体系不能解释和说明的新的事实,破坏了科学体系原有的原则和思维的逻辑严密性,现代科学范畴体系出现了很多根本性变化,促使逻辑方法向前发展。

第四,科学研究课题的复杂性、综合性日益加强,科学研究手段日益复杂和精密,科学研究成为集体的综合事业。科学研究课题的不同方面、不同层次相互配合,相互协调,产生了协调科学研究不同方面和层次的科学思维方法论。

开启20世纪科学思维方法变革的科学家首推爱因斯坦。他以独特的智慧,在构建新的科学统一性的理论体系中,形成了"两面神"思维和统一性思维。建立相对论时,他提出思维对象放置在同一时刻——既运动又静止的状态。从本质上来说,"两面神"思维就是对立统一的辩证思维。同时,爱因斯坦的思维方法还体现出普遍联系的统一性特征。他的狭义相对论把经典力学的相对性原理推广到电动力学中去,弥补了牛顿经典力学与麦克斯韦电动力学之间的裂痕,使力学和电动力学相互协调,把动量守恒定律和能量守恒定律联结起来,揭示了质量与能量的统一。他认为,科学的目的在于追求这种理论体系。

体现现代科学思维方法特征的又一典型案例是量子力学的思维方法。在创建量子力学过程中,海森堡和丹麦物理学家玻尔等既深刻探究了微观世界中统计规律的复杂性,又追求微观粒子的波动性与微粒性的统一,他们的思维方法既体现出复杂性系统思维特征,又体现出对立统一的辩证思维特征。例如,海森堡的测不准原理认为,微观粒子运动的统计规律异常复杂,对于有确定质量的粒子来说,其运动位置与运动速度是不能同时测准的;玻尔还进一步提出了"互补原理",解释了微观粒子的波动性与微粒性的统一问题。他认为,波动性与微粒性只是同一对象的两个不同特性,不能用一个排斥另一个,应该讲相互排斥的描述进行互相补充。

今天,科学思维方法与科学研究方法的联系越来越密切。例如,系统论、控制论、信息论、耗散结构论、复杂性系统科学、计算机与人工智能科学等既带来了科学方法的巨大变化,也使科学思维方法获得了全新的发展。随着20世纪科学哲学的发展,科学方法论的研究已深入到科学理论的构建、评价与接受等各个环节,相信,未来的科学思维方法体系必然会随着人类科学事业的发展更加丰富多彩。

二、辩证思维方法与现代科学思维方法的共同性

辩证思维方法是人们正确进行理性思维的方法,主要有归纳与演绎、分析与综合、抽象与具体、逻辑与历史相统一等。而随着现代科学的发展,又产生了现代科学思维方法。辩证思维方法与现代科学思维方法在方法论上有一定的共同性,二者相互联系、相互补充。

1. 辩证思维方法是现代科学思维方法的方法论前提

辩证思维的基本精神和原则贯穿于现代科学思维方法之中。哲学通过本体论、认识论、方法论等方面参与到现代科学思维方法中,系统方法与普遍联系的观点、控制论的方法与内外因的观点、突变论与量变质变的观点、信息论与相互作用的观点都有着内在联系。虽然现代科学思维方法复归辩证思维的道路多种多样,既能够在辩证思维方法指导下自觉进行,也可以由科学发现所具有的力量自然实现。但不管是哪种情况,现代科学思维方法与辩证思维方法都具有一致性。

2. 现代科学思维方法丰富了辩证思维方法

现代科学思维方法是一个巨大的方法群,包括控制方法、信息方法、系统方法、模型化方法和理想化方法等,丰富和深化了辩证思维及其方法。辩

证思维方法从普遍联系、永恒发展的角度揭示了事物的关系，侧重于人与世界的整体关系。现代科学思维方法，在确认世界普遍联系和永恒发展的前提下，深入研究世界的某些关系，如系统方法就是在承认普遍联系的客观实在性的前提下去研究系统的最优解。所以，现代科学思维方法丰富了辩证法的宏观画面，使辩证法深入发展到更复杂的层次。因此，辩证思维方法应不断地从现代科学思维方法中汲取营养，逐渐丰富自己的方法系统。

最后需要指出的是：时代在发展，社会在进步，科学思维方法面临着新科学技术革命和知识经济的挑战。伴随着经济全球化、政治多极化、信息网络化进程的加速，新情况、新问题纷纷涌现，亟待形成新的科学思维方法。

中篇　思维概述
——简单又复杂的"系统化"思维

人类思维的形成既简单又复杂。简单地说，人类的思维系统是一个获得、储存、解释和创造知识的系统。复杂地说，人类思维的形成过程包括分析、比较、系统化等。

分析是将事物的整体分解为多个部分或个别特征的思维过程；比较是将各种事物或现象加以对比，找到它们之间相同或不同的思维过程；系统化是将学到的知识，分门别类地归置，让其成为一套层次分明的系统的思维过程。

本篇重点讲述通过熟悉思维的发展过程，对"系统化"思维有一个更深的理解，从而懂得如何将有限的知识分门别类，且明白其对人的思维发展的重要性。

第四章

思维简史——用思维改变世界

人类思维发展的过程

思维的发展是由低级向高级、由原始向现代方向发展的过程、规律和趋势。也就是说，思维作为存在于头脑中的认识结构，不是天生就有的，而是在不断的实践过程中逐渐形成和发展起来的。在这个过程中，思维的产生不仅仅是心理发生的过程，更是社会历史发生的过程。

有心理学家与哲学家认为，思维是人类最本质的一种资源，是一种复杂的心理过程。因此，他们将思维定义为：人脑经过长期进化而形成的一种特有的机能，是人脑对客观事物的本质属性和事物之间内在联系的规律性所做出的概括与反应。

关于人类思维模式的形成，在《互联网时代的方法论·高宽深思维模式》一书中曾经提及过。在解释这个问题之前，作者先从猴子新思维模式的形成说起。

他说："猴子新思维模式是通过用最初的制度对笼中新来的猴子的习惯进行重塑，在不断地负面强化中，就转化为了猴子的一种负面思维模式。用时髦的话说，就是笼子里的猴子已经形成了自己独特的猴子文化。这种文化一旦形成，就会对后来的猴子进行文化塑造，后来的猴子很快就会被文化洗脑，就会被改造成与进笼子之前完全不同的猴子。总之，经过思维模式重塑的猴子，它未来的行为就由那个思维模式决定，而它以前的思维模式就自行淡化了、隐退了、淘汰了。通过实验：一可以看出思维模式是如何很快形成的；二可以看出猴子的思维模式是可以很快被改变的；三可以看出思维模式对猴子未来的言行起决定作用。"

猴子如此，人类又何尝不是如此。

有句话叫"我思故我在"。这句话的意思是我唯一可以确定的事就是我自己思想的存在,因为当我怀疑其他时,我无法同时怀疑我本身的思想。这句话也可以理解为:一个人使用理性来思考的时候,才能破除习惯、迷信以及种种所谓的"已成观念",让真正的思考渗透进自身。这样,一个人的存在才具有真正的意义。

所以说,人类的思维系统是一个获得、储存、解释和创造知识的系统。人类获得知识的原始工具是人身体的感官,而延伸工具是借助理性创造的各种信息的感应器。比如,一个人在刚一出生的时候,就会用自己的直觉或本能建立起属于自己的思维系统,如饿了要吃、渴了要喝。当然,这是最基础的思维系统。而随着对知识的汲取,以及周围环境的影响,人对事物的认知会发生改变,思维也会发生改变。

有人认为,知识就是力量,它能更多地让我们认识不同的世界。然而,光有知识是不够的,因为知识在某些时候,只会让我们看起来像是一个储存信息的仓库,而不是一个具有良好思维的人。这就像是学术,其总比不学无术要好一些,但如果是为了学术而学术,那还不如不学无术。因为至少不学无术还有真实的一面,而学术有时会让人变得虚伪很多。当然,这只是打个比方。在大多数情况下,人还是认为知识比无知要好得多。只是,在人们重视知识的时候,也需要了解自身的意识,那是每个人核心的部分。

一个人一生中会汲取很多知识,甚至有的人可以做到才高八斗,学富五车,但如果只是复制、粘贴书本上的知识,没有自己的思维,那么这样的学识就毫无意义。而有意义的学识,就是将这些知识吃透、嚼碎,并让其化作自己思维的养料,这样才是真正的自我的存在,才是具有自己思维的人。

而在17世纪的科技革命之前,在漫长人类文明史中,人类对自己的思维或是能控制的自然事物是极其有限的。那么,在面对天灾人祸等各种变幻无常的"失控感"时,人是怎么做的?

一开始,人类通过想象力,制造出了万能的"神",用来作为期望的寄托或寻求结果的方向。在他们眼里,但凡是做不到的、想不通的,都会交给"神",然后默默地等待"听天由命"。

| 思维简史

直到1686年4月28日，牛顿向伦敦皇家学会发表了一本名为《自然哲学的数学原理》的巨著，这本书为人类精神世界奠定了基础。在那时，世界仿佛一下子变成了人类的宠物，任由被操控。对于这种现象，法国数学家拉普拉斯还曾感慨："牛顿是迄今为止最幸运的人，全宇宙只有一条定律，被牛顿发现了。"

直到20世纪20年代，以爱因斯坦、玻尔、海森堡等诸多理论物理学家们为代表的科学家，在量子物理的领域中找到了对世界的更好解释。即，世界的本质与我们的直观思维"看"到的世界非常不同。即：宇宙不是单一的，而是多重的；世界是复杂混沌、动态恒变的（即量变引起的质变是完全无法预测的）；世界是相互交织（即不是非对即错的二分法）、难以预测的；世界是不存在客观时间（即过去、现在、未来），时间是人类虚构出来的主观感受……

当人们听到这种言论时，甚至不敢相信自己的耳朵，他们会想：这与我们所理解的"常识"，与我们所认识的世界完全不同啊！

其实，这就是后现代主义世界观难以普及的一个缩影。而由于文化的严重滞后性，量子物理自提出以后，过了将近半个世纪，才开始在医学、生态学、金融经济学、教育等知识领域发挥出作用来。

其中，最典型的就是教育领域。造成这种滞后最重要的因素是，后现代主义世界观与人的直观思维、寻求控制感的主观愿景相悖。就比如在小时候，我们经常听到的话是：好好听老师的话，好好完成作业，就能考出好成绩。

在这句话中，"真理"是：结果是可以预测的，过程是可以控制的，答案是线性化的。只要你……就能成功。这也就不难理解，为什么在大多数情况下，我们会被操控，会认为听"权威"的话，模仿成功者，不出格，就能获得世俗意义的成功。

但，社会法则的本质是：你可以有很多方式取得"成功"，但每一条路径都没有什么可借鉴的。你需要自己去探索、去思考、去创造。

因此，我们需要对思维的发展有一个基本的了解，从而瓦解掉自身或他人根深蒂固的"狭隘"的思维模式，以"后现代主义的世界观"重新武装大脑。毕竟，不同的思维会产生不同的观念和态度，不同的观念和态度会产生不同的行动，不同的行动会产生不同的结果。只有具有良好的思维，才能打破生活中的重重障碍，化解生活的难题，收获理想的硕果。

结构化思维是最值得培养的思维方式

在了解结构化思维之前，我们必须要了解与结构化思维密切相关的两个概念：系统思维和逻辑思维。

系统思维是把认识对象作为系统，通过系统和要素、要素和要素、系统和环境之间的相互联系、相互作用综合地考察认识对象的一种思维方法。简单来说，系统思维就是对某件事全面思考，如把想要达到的结果、实现该结果的过程、过程优化以及对未来的影响等问题，都会进行系统的研究。

逻辑思维又称抽象思维，其是人们在认识事物的过程中，借助于概念、判断、推理等思维形式，对客观现实理性认识的一个过程。逻辑思维的本质就是要遵循逻辑规律，如矛盾律、排中律、辩证逻辑的对立统一、质量互变、否定之否定等规律。一旦违背这些规律，人的思维就会发生偷换概念、偷换论题、自相矛盾、形而上学等逻辑错误。

而本节所说的结构化思维，其实是系统思维的一个分支，其概念是指从结构的角度出发来思考、表达和解决问题。其本质是把握对事物的内部结构或事物间的关联结构之间的逻辑关系。所以，逻辑是结构化思维的核心，系统是结构化思维的前提。

而学习结构化思维的目的，就是把自己零散的思想用结构框架收拢起来，形成一个系统化、层次化的清晰结构的思维模式。

如果一个人不具备结构化思维，那他的思考过程则是杂乱无序的，他通常的表现是：想法零散、没有秩序；做事没有头绪、没有思路；抓不住事情重点和关键，更分不清事情的轻重缓急……

在一次演讲中，国内某咨询公司总经理在谈到结构化思维时，是这样说的：东方人应当重视结构化思维。

他说："我们东方人是非常聪明的，但我们往往存在这样一个缺陷和遗憾，那就是没有培养出结构化思维的方法。东方民族非常智慧，但我们是一个偏意识、轻方法的民族。我们东方民族在意识上是绝对领先的，我们的祖先很早就把握了世界的终极道理。但是如何运用我们的思维去改变世界却一直是我们不怎么关注的。"

他还是提出："科学的根本的思维方法就是结构化思维方法。我举个典型的例子，现代的计算机就是西方结构化思维的产物。它把整个世界解析成最简单的0和1。也就是说，东西方民族看到一个事物的时候，他们表现出一种本质性的区别：东方民族感知它，而西方民族思考如何解剖进而改变它。当然这两种思维方法孰优孰劣，目前也是一个有争议的话题。但是有一点，我们要发展生产力，改变一个事物的时候，西方的结构化思维方法表现出一种高速的效率。"

遗憾的是，正如这位总经理所说的，绝大多数国人都是比较缺乏结构化思维的。那么，具备结构化思维的人，是怎样的表现呢？他们大多思路清晰，有条理；对事情的轻重缓急很明确；善于把握事情的重点和关键；做事情有层次，且呈现出专业的系统化……

对于结构化思维的清晰认识，我们可以从下面这个故事中得到启示：

前苏联研制生产的米格-25喷气式战斗机，以优越的性能受到了世界各国的青睐。究其原因是，与美国战机相比，米格-25战斗机所使用的许多零部件要落后得多，但其整体作战性能却能达到，甚至超过了美国等国家同期生产的战斗机。此外，米格-25战斗机在升降、速度、应急反应等方面，也成为了当时的世界一流。

有不少人对其感到惊奇，甚至是震惊，纷纷追问米格-25战斗机成功的原因。原来，米格公司在设计时就从整体考虑，对各零部件进行了更为协调的组合设计，使该机在升降、速度、应急反应等方面反超美国战机。没想到，这一组合协调而产生的效果，会如此受欢迎。也因此，后人将这一现象称之为"米格-25效应"。

通过米格-25效应，我们也可以明白：事物的内部结构是否合理，对其整体功能的发挥关系很大。结构合理，会产生"整体大于部分之和"的功效；结构不合理，整体功能就会小于各部分功能相加之和，甚至出现负值。

可以说，结构对于物质的重要性是毋庸置疑的。而对于思维而言，也是同样的道理。一个人思维能力的强弱，往往取决于其思维结构的优化程度。打个比方，在同样的知识储备下，一个人的思维结构越优化，其思维能力就越强。

跳出固有思维的坑

固有思维，也叫思维定势，是人的一种心理状态，是人们长期形成的一种习惯思维方向。具体来说，固有思维就是人在长期的思维过程中所形成的一种条件反射（投影），或者说是一种固定的思维方式。

在固有思维的作用下，大多数人会沿着既有的模式和程序而进行思考。于是，人的思维具有了习惯性、程序性、稳定性和保守性，甚至给别人留下一个做人太死板的印象。

也正是因为如此，总有人会提出或发出"打破思想僵局""突破固有的思维模式""创新进取"等号召，以求跳出固有思维的坑，从而具有创造性思维，创造性地开展工作或生活。毕竟固有思维正在不断地告诉我们：阻碍我们成功的，大多不是我们未知的事物，而是我们已知的事物。

因此，想要跳出固有思维的坑，首先要认清自己，找出自己的优势。

美国牧师亨利·沃德·比彻尔说："一个人需要思考的，不是自己应该得到什么，而是自己是什么。"达尔文也曾在《自传》中表明，正是因为他对自己的深刻认识，才使自己能够扬长避短，做出了突破性的成就。"热爱科学，对任何问题都不倦思索、锲而不舍，勤于观察和收集事实材料，还有那么点儿健全的思想。"但与此同时，他又说："我在想象上并不出众，也谈不上机智。因此，我是蹩脚的评论家。""我很难明晰而又简洁地表达自己的思想……我的智能有一个不可救药的弱点，使我对自己的见解和假说的原始表述不是错误，就是不通畅。"

伟大的马克思曾对自己也做了深刻的自我解剖："模糊而不成形的感情，不自然，纯粹是从脑子里虚构出来的。现实和理想之间的完全对立，修辞上的斟酌代替了诗的意境。"

作家朱自清也曾在散文集《背影》自序中提到："我写过诗，写过小说，写过散文。25岁以前，喜欢写诗，近几年诗情枯竭，搁笔已久……我觉得小说非常地难写，不用说长篇，就是短篇，那种经济的、严密的结构，我一辈子也写不出来。我不知道怎样处置我的材料，使它们各得其所。至于戏剧，我更始终不敢染指。我所写的大抵还是散文多。"

可见，能够正确认识自己，对自己的发展有多么重要。一个只有正确认识自己的人，才能够知道自己的优劣势所在，才能够扬长避短，才能够不被他人的一时"评论"或郁郁寡欢，或骄傲不已。

其次是打破那些惯性思维。

"不识庐山真面目，只缘身在此山中"这两句诗，讲述了一个哲理——由于每个人所处的位置不同，所以看问题的出发点就不同，且对客观事物的认识有一定的片面性。要想认识事物的真相与全貌，必须超越狭小的范围，摆脱自己的主观成见。简单来说，就是要改变对某事的固有模式，跳出就事论事的模式，突破常规思维、习惯思维的模式，换一种思维模式，解决所遇到的难题。

犹太人有句经典的话，叫"开锁不能总用钥匙"。也是说，解决问题不能总靠常规方法,而是要突破固有的思维模式,改变常态的思维轨迹,用新观点,新角度、新方法去处理问题。

有这样一个寓言故事:

小青蛙厌倦了常年生活的小水沟。

随着水沟里的水越来越少,小青蛙已经没有可吃的食物了。它每天都不停地蹦,想要逃离这个地方。看它焦急的样子,同伴懒洋洋地蹲在浑浊的水洼里,说:"现在不是还饿不死吗?你着什么急?"

小青蛙没有回答,依旧持续自己的蹦跳动作。终于有一天,小青蛙纵身一跃,跳进了旁边的一个大河塘。河塘里面有很多食物,水也干净,它可以自由自在地游泳。于是,小青蛙呱呱地呼唤自己的同伴:"你也快过来吧,这边简直就是天堂!"

它的同伴说:"我已经习惯这里了,懒得动了!"没不久,水沟里的水干了,小青蛙的同伴被活活饿死了。

小青蛙的故事告诉我们:只有敢于打破自己固有的圈子,才有可能改变自己的命运,拥有更加广阔的发展空间。而那些抱有固有思维,不愿脱离固有习惯的人,其人生永远不会有所突破。

总之,当我们持有固有的思维观念时,要敢于打破以往形成的思维定势,要做到"此路行不通,就另寻他路",从而跳出自己的固有思维,看到更广阔的世界。

第五章

思维特性之一：
预测性——预见未来，才能滴水不漏

先知先觉，才能高瞻远瞩

"先知先觉，才能高瞻远瞩"是指在事情还没有发生的时候，一个人凭着丰富的经验及分析能力，能够预知可能会出现的危机，可能会遇到的障碍，从而做出一系列的对策，有条不紊地面对一切。

"先知先觉，才能高瞻远瞩"也是预测性思维。作为一种思维方式，与其他思维方式相比，预测性思维有着其独特的地方，如超越性、探索性、近似性和局限性。

超越性——预测性思维的超越性，是在思维方面表现出来的独立性，也是在实践基础上产生的一种意识。

探索性——预测性思维是由已知来探索未知的。这种探索性是有根据的、科学的，是有着明确的方向和目标的。但是，在没有转化为事实之前，探索始终是探索，只能作为一种参考的存在。

近似性——预测性思维是人对某事物的发展趋势、发展状况和发展所作的推测、估计和判断。由于被预测的事物处于错综复杂关系之中，受多方面因素的影响，所以其本身也是不断发展变化的。也因此，预测的结果只能与事实接近或相似，但还是存在一定的偏差。

局限性——这种局限性既来自预测对象方面，也来自个人。从个人本身来看，可能会由于知识不多、经验不足、观察分析能力不强、掌握的资料和情报不够准确和完整等，导致多个预测结果。因此，无论从哪些方面来说，预测性思维都有一定的局限性。

从预测性思维的特点来看，其尽管超越事实，但却是立足于事实的发展规律上。如果能正确认识预测性思维的特点，并对此加以利用，会对一个人的生活或工作起到一定的作用。

预测性思维运用到生活中，最简单的就是：出门发现天阴了，就该带上雨伞，避免被淋湿；某天有重要的会议，就该提前出门，避免因堵车或其他琐事迟到；去陌生的城市，就该提前做好攻略，订酒店、查路线等，这样会给出行带来很大的便利。

在生活或工作中，处处充满着挑战和不可被预测的事情。只有做到先知先觉，未雨绸缪，才会在未来的日子里，从容地面对突如其来的变故。

《伊索寓言》中提到过这样一则故事：

一只羊站在高高的屋顶上，当它看到一只狼从屋旁走过时，就骂了一句："你这只笨狼，你这只傻狼……"狼看了看羊，说："你骂我，只不过是因为你站的位置比我高罢了。"

羊就好比是站在高处的团队领导人，其之所以能站在高处，自然也就有着一般人没有的"预测性思维"。就像寓言中的羊一样，它站在高处，才敢与狼较量，这也足以说明它的高瞻远瞩和未雨绸缪。试想一下，倘若它站在地上或是狼能爬上屋顶，那羊还敢与狼叫嚣吗？

当然不敢！

而这，也就是动物跟人的区别。领导的"预测性思维"，是影响一个团队、公司，甚至企业实现目标的推动力，是对团队持续发挥感召、凝聚和激励的影响力。

在人生和事业的岔路口，只有像盛田昭夫这样具有先知先觉，未雨绸缪的人，才能获得成功。换句话说，就是有远见。在机会还没有体现出价值的时候或是在别人都抱有怀疑态度的时候，而你却能够发现其潜在的价值，于是，机会来临了。

1992年，盛田昭夫因中风退出了索尼的经营决策与管理事务。而导致此结果的，据说是因为他做的一次并购计划，后来业界和媒体还认为他的行为是荒唐透顶的。

1989年9月25日，索尼宣布斥资48亿美元，对哥伦比亚电影公司及关联公司进行并购。哥伦比亚的股价为每股12美元，而索尼的出价是每股27美元。在当时，一些十分有影响力的经济学家与管理学家都认为盛田昭夫一定是疯了，他的一意孤行，势必会将索尼带向万劫不复的深渊，甚至害了自己。

没多久，那些经济学家与管理学家的担忧变为现实了。

1994年9月30日，哥伦比亚累计亏损31亿美元，创下了日本公司公布的亏损之最，索尼公司危在旦夕，根本就支撑不了多长时间。

进入21世纪之后，人们才猛然发现，盛田昭夫的那次疯狂的举动，竟然是他留给索尼的最有价值的一笔遗产。他以企业家独有的眼光，洞见了21世纪索尼赖以存活的根基——视听娱乐，并以灵敏的商业直觉，深刻地觉察到了好莱坞的知识产权对索尼发展的巨大战略意义。

可惜，在当时，人们纷纷计较眼前的利益，没有人在意或理解盛田昭夫的良苦用心。

不管怎样，盛田昭夫以他战略家的超前眼光和企业家的过人胆略，为未来的索尼打造了以家庭视听娱乐为中心的产业链条和商业体系，用不被世人理解的高瞻远瞩在多年以后告诉同行和媒体，索尼为什么不会倒下，索尼在用什么与同行业竞争。

无独有偶，经营奇才王永庆，也有着这样高瞻远瞩的经历。在20世纪50年代初，世界塑料工业处于发展初期时，王永庆就觉察出了塑料工业有着远大的前景。即便他欠下几十万美元，也迈出了第一步。事实证明，他做对了。如今，王永庆的台塑公司早已成为一家跨国大企业，而他本人，也成为了全球有名的华人企业家。

从他们的身上，我们可以看到：如果一个领导者有远见，有敏锐的洞察力，那受益的不仅仅是个人，还是一个团队，一家企业。相反，如果一个领导者总是瞻前顾后，致力于模仿他人，别人做什么，他就跟着做什么，那企业迟早会被淘汰。

公司、企业也好，国家也罢，一个高瞻远瞩的领导人，对每一个领域的发展，都有着重大的意义和作用。加上市场竞争激烈，千变万化的形势随时都会给企业或国家的生存和发展带来机遇，也可能会带来威胁，甚至灾难。而此时，具有敏锐的洞察力和先见之明，能够审时度势，对市场变化做出正确的判断，从而趋利避害，就显得尤为重要了。

有人可能会说，我也想将团队或公司做大，想抓住机遇，可怎么能准确地抓住机遇呢？既然有这份决心，那就需要刻意地锻炼自己。

比如：善于捕捉变化，挖掘资源。

机会来源于环境中的变化，企业家就是善于捕捉这些变化的人。作为一个领导人，不要只想着"我手上有什么资源，我能靠这些资源做成什么事情"，而是应该想着手中的资源有什么别的机会或潜在价值，然后去挖掘。

比如：筛选资源，利用资源。

在互联网时代，信息多样化和碎片化。作为一个领导人，就是根据自身或企业发展的需求，降低信息的不对称性，筛选自己需要的资源，审时度势，从时间、战略和全局上考虑和分析，从而合理利用，抓住时机，确立目标，形成企业独有的竞争优势。

再周密的计划，也需务实

有人说：务实是思维的常青树。可以说，务实与思维是相辅相成、相互促进的。只有思维务实了，做事才会务实。而做的事情实了，思维才会务实。

简单来说，务实思维就是讲究实际、实事求是。而务实，更是中国农耕文化较早形成的一种民族精神。在哲学史上，苏格拉底是一位思维非常务实的人。他始终坚持：对于生活的每个部分，我们都必须尽所有的努力去看穿它误导人的表面现象，抓住真正的、潜藏的实在。

对于这点，日本实业家稻盛和夫也有着自己的理解：年轻人都有想干一番事业的理想和愿望，不过，那是靠一步一步、扎扎实实的努力来实现的。如果不想付出，一味描绘宏伟的蓝图，那最终只会是黄粱美梦。

的确，当今社会，到处充斥着浮躁和急功近利之风，缺乏脚踏实地的务实精神。在生活或工作中，并不缺乏好高骛远，眼高手低的年轻人。他们大多刚走出校园，有很多新奇的想法，有着想要改变世界的梦想……无论他们多么想在世界上或某个领域"称王称霸"，但不付之行动，那再周密的计划也是废纸一张。

在如此激烈的竞争环境中，如果仅凭空想，很难立足于这个社会。记住：人生的路上没有直梯，想去几楼，要么自己建造楼梯，要么一步一个台阶往上爬。

女孩20岁出头，看上去一副文文静静的样子，她的工作是鞋油销售。

某天晚上，女孩去便利店买东西，碰巧遇到也来买东西的领导。那天，天刚下过雨，地上还有一些水坑，领导下车时，正巧踩在一个泥坑里。看着新买的皮鞋，沾满了泥巴，领导不由皱起了眉头。

或许是出于职业属性的问题，女孩总是会在包里放上一只鞋油和擦鞋布。当时，女孩并不知道眼前的男人是公司的高层领导。

只见女孩先是礼貌询问，随即蹲下来，从包里取出鞋油和擦鞋布，小心翼翼擦起了皮鞋。女孩一边擦一边说："您好，先生，我是做鞋油销售的，我先帮您擦擦，您如果觉得皮鞋干净，鞋油加光亮剂一共20元，您觉得不干净或不想要，也没有关系。"

领导感动又感慨，没想到一个销售鞋油的女孩，在下班后还如此敬业。皮鞋擦干净以后，领导对女孩说："姑娘，鞋油我不要了，我给你20元钱吧。"

女孩说："不用的，先生，我是做鞋油销售的。如果您觉得皮鞋擦得干净，还是要一支鞋油吧。"

领导推辞再三，说自己不需要鞋油，但为了感谢她，还是应该付服务费的。

女孩执意不收。在领导的追问下，女孩说自己的梦想是做销售中的王牌。领导看她是个做销售的好苗子，向女孩要了电话，就离开了。

当然，领导并没有给她打过电话，只是在公司里暗中观察她的表现。不出意料，女孩在公司的业绩一直名列前茅，且非常有亲和力，人缘也不错。

三个月后，领导找到她，想要破格提拔她成为销售主管，但女孩拒绝了。她说虽然自己有那样大的梦想，但她不想因为一次偶然把产品推销给领导，就获得升迁的机会。目前，自己的资历还不足，比自己能力高的人有很多。如果真想做到这个位置，她希望是自己脚踏实地得来的。

听她说完这番话，领导佩服不已。

后来，大家才知道，女孩家里条件不好，16岁就被迫辍学。离开学校后，她做过好几份工作。偶然间，她发现自己对销售很感兴趣，于是就靠着赚的一些钱，去报名参加了一个学习班，学一些关于销售的知识。

两年后，她如愿做到了销售主管的位置。领导很看好她，并断定她还有更长远的路要走。

梦想，有虚有实，看不见、摸不着，它承载着人们的希望，能在人们心中产生一股巨大的力量，让人勇往直前。稻盛和夫先生还说：无论你做的事情有多么微不足道，都要用心，努力去做。只有你长期坚持下来，才能见成效。女孩今天的所得，都是她一步一个脚印，踏踏实实得来的。就算有捷径可走，她也不想走捷径，因为她懂得，再大的梦想，都离不开脚踏实地。

每一个人都应该像这个女孩一样，不急不躁，静下心来客观地审视自己，确定自己人生的目标和方向，然后一步一个脚印前行。如果想做什么，想在领域中做王牌，却又三天打鱼两天晒网的话，那成功只会绕过你，去找更勤奋的人。所以说，不管你是一个刚毕业的大学生，还是一个企业的领导者，都要切记：再周密的计划，也需要脚踏实地。

找出最小的可行方法

美国社会活动家迪克·格里高利曾经说过:"世间最大的成功属于那些才能出众,并对自己的工作拥有热情的人。"成功,是一个很抽象的价值尺度。衡量一个人是否成功,金钱和地位仅仅是一个方面,或者说是一种结果,而真正的标准应该是做事的过程。

同样的道理,蛋糕不是马上做成的,沙漠也不是一天变成绿洲的。在这个过程中,可能会失败。但只要有万分之一的可能性,一个心怀成功期望的人,都会抓住这万分之一的可能性,与此同时,要抱有足够的热情。

董明珠是一个做事周密而全面,并能化腐朽为神奇的王牌企业家。与其说她做事周密,不如说她够执着,够全力以赴,再小的可能性,她也会抓住这种可能。她相信,事在人为,只要全力以赴,付出足够的精力和热情,就一定会成功。

有人说,艰苦的劳动+正确的方法+少说空话=成功。董明珠用亲身经历证明了这句话的可行性。

董明珠一开始做的是营销方面的业务,学习了不少销售的经验,且在部门中初尝硕果。有一年,驻安徽的业务员突然辞职了,公司急需有人过去。当时的安徽,在全国是属于比较贫穷落后的省份,昂贵的空调是很难进入到普通家庭的。也因此,业务员们都不愿意过去,认为安徽没有什么潜力。

空调厂领导左右为难之际,董明珠自告奋勇说自己可以去。领导看她信心十足的样子,又恰逢没有合适的人,便同意了。面临一个人撑一片天的局面,董明珠并没有被吓到。临走之前,厂领导还说:"安徽的经济一般,市场就那么大,你去了做得好更好,做不好只要维持好老客户就行。"听到领导并不抱有希望,董明珠更加坚定了要做一番大事的决心。

董明珠到安徽的第一件事就是查账,发现不少账收不回来。其实,这种现象在全国市场都普遍存在,对于没有什么名气的中小企业,经销商都采取代销的销售模式。代销,意味着销出去了才有钱,销售不出去会直接把货退给厂家,其中的折旧、损耗、退货都要厂家承担,回款慢、周期长。没有诚信的经销商甚至会通过各种打压欺骗手段赖账或者转移债务,致使出现坏账。如果是老业务员过来,一定会让这些坏账彻底成为死账,这毕竟是前业务员留下的烂摊子,谁摊上谁倒霉。

董明珠却不这么看,她认为这么做业务,厂子迟早要赔钱。

很快,董明珠决定有针对性地追债,她先把目标锁定在了一家电子公司,这家公司欠了42万元的账款。在20世纪90年代初,42万元可不是小数目。

董明珠在脑海里上演了无数次设想追债的画面,但没想到落实起来是那么难。

电子公司的老板姓牛,公司规模不小,商铺有200多平方米,几十名员工忙来忙去,看上去就很气派有实力。这样的公司欠钱不给,不是业绩不行,明显就是想赖账。董明珠深吸一口气,按住打鼓的内心,直接找商铺业务员带自己去见老总。

走进老总的办公室,她微笑着向对方递出名片,并进行了自我介绍。谁知那老板只是抬头看了她一眼,皱着眉头说:"我们是跟海利有业务往来,可是我不认识你。"

董明珠连忙解释自己是新来的业务员,接替了这里的一切事务。随后先跟对方聊海利空调在安徽的销售情况,再打听对方对海利空调的看法,等聊得差不多了,她才开口:"您看我初来乍到,对这边的业务情况不熟悉,还请您多多关照。为了咱们的合作能有一个新的开始,您能不能先把之前的账清一清,也好开展后面的业务合作?"

牛老总一听对方来要账,故意露出吃惊的表情:"清账?清什么账?我们代销别人几百万、几千万的产品都没有人来和我清账，你才来几天，就要和我清账？小姑娘，我看你是不了解咱们这行的规矩，告诉你：你们给我货，我卖完就给你们钱；没卖完就没钱，咱这行就这规矩。"

看对方一副赖皮的样子，董明珠调整了一下情绪，换了个话题："这样吧，您让我了解一下我们海利空调在您公司的销售情况，具体库存是多少，也方便以后总公司按市场配额……"

她话还未说完，牛老总立刻打断她，诉说海利空调种种不好，后来干脆说："实话说，你们海利空调根本没人买。"

董明珠没想到对方开始耍赖，立刻板起脸说："别人和您怎么合作，我不知道，但我们厂里也有规矩。我现在就想知道，我们海利空调你们卖没卖？卖多少？卖了的部分结款没有？剩下的货是否退还厂里？您现在既然不想给钱，又不想退货，我们厂子耗不起，咱们的合作要是真出点什么矛盾，法庭里见对谁都没好处。"

一开始，牛老总以为董明珠是个软柿子，可这会儿看她疾言厉色，牛老总也软了下来："这样吧，公司最近资金周转不太好，过几天我打给你。"

董明珠反问："您不是说海利空调卖不动吗？既然卖不动，那就说明货还在库房，和你们资金周转没关系。我就想知道，您是真卖不掉，还是卖掉了不想给钱，您给个痛快话。"

牛老总没想到她说话这么硬气，借口还有事情要办，约定改天再谈。

后来，牛老总让董明珠再补50万元的货给他，见到货，他就结前面的账。不少经销商都用这种手段赖账，董明珠早有准备，就说："您把前面的欠款付了，我马上让公司发50万元的货来。"

牛老总当然不肯，强调不见货不给款。

董明珠想了一下说："这样吧，我们先给您发货，再结前面的账，不过发货之前您得让我了解之前的货剩多少，损耗是多少，我好跟厂里汇报。"

牛老总犹豫片刻，说："那些货没什么好看的，都有毛病，是别人没要的废品。"

"有毛病没人要的，那正好我拉走了，这样您就不用结这些货的账，我还给您清了库房，一举两得，您说是吧？"

牛老总真没见过这样执着的人，实在没办法，只得让步，让她隔天拉货了。

隔天，董明珠到了电子公司的库房，在堆满货品的库房中扒拉几个小时，才找到海利空调。看到一台台拆封的空调布满了灰尘和划痕，被其他货品狠狠地压在下面，她的内心沉痛无比，这都是厂子里工人辛辛苦苦做出来的产品，被像破烂一样堆在库房，毫不珍惜地对待，实在太气人了。

昨晚她就打算，以后再也不跟牛老总这样的人合作，如果对方还赖账不给货，就跟他打官司。今天库房的场景令她坚信自己的决定是对的，于是对旁观的牛老总直言道："今天，不管是拆封的还是没拆封的海利空调，我都要拉走。"

牛老总一愣，意识到自己碰到了硬茬，只好说："这样吧，你明天找车来拉货。"他这么干脆，董明珠反而有点忐忑。

第二天一大早，董明珠雇了一辆5吨皮卡车去库房等着拉货，没想到库房大门紧锁，一个人没有，一问才知道国庆放假，库房不开。董明珠这才意识到又被耍了，她一个人孤零零地站在库房门口，太阳晒得头皮发麻，整个人又气又晕，几乎哭出来。

回到宿舍，她不断回想这一个多月的经历，不停地追问自己，是否值得这样做。以往遭遇再大的难处，她都会告诉自己，只要再坚持一下就能做到，但这次她却真的迷茫了。

回到办公室的董明珠和珠海的同事通电话，说了说安徽的情况，同事都劝她算了，这笔账别想要回来，如果真能要，前一个业务员还能不要吗？董明珠不信邪，对方既然耍无赖，她还真跟他耗上，对方躲着她，她就天天到对方办公室里等着，一天不行两天，两天不行三天，三天不行一星期，实在不行一个月、两个月，总之要不到钱就不罢休。为了这笔账，董明珠跟对方耗了40多天，终于要到了欠款。

遇到千方百计耍无赖的人，董明珠头疼不已，没想到要欠款这么难，且这只是来到安徽做的第一件事。可想而知，她今后开展工作有多难。幸亏，董明珠不是一个轻言放弃的人，她相信传奇是干出来的，不是等出来的。

一个效益再好的企业也有可能会被债务拖垮。也就是从那时起，只要是董明珠经手的业务，决不容许有拖欠货款的现象存在，这也为现在的格力空调的运作环境打下了坚实的基础。

或许也正是这样，董明珠站在了更高的位置，成了企业家中的"铁血娘子"，成了众人佩服的传奇人物。如果你也想像她一样，那就要做到周密与最小可能相结合，做万分之一的可能性。

生命有限，杜绝浪费

同样的时间，做同一件事，为什么有的人效率高，有的人效率低？原因很简单，其根本在于利用思维时间的程度上。简单来说，就是思维方式的问题。在揭开真相的过程中，你会发现善于利用思维时间的人，总会在无形中比别人多出很多的时间。

那么，什么是思维时间呢？这可以理解为一个人真正思考的时间。打个比方，每台计算机上都有自己的操作系统，有的机器运行代码程序，而有的计算机在运行空闲进程，那么这两台计算机产生的价值就完全不一样了。人也是一样，都有一个大脑，如果总是把时间放在零散的事情上，会直接影响到时间的管理。再打个比方，你早上九点到达公司，领导让你写一篇年终总结。你一边写，一边刷网页，刷微博，聊微信，直到下午下班才完成了年终总结的任务。实际上，你写的这篇年终总结可能也就花费了两个小时的时间。因此，你的思维时间就只有两个小时。

当然了，一个人的逻辑思维是可以锻炼的，思维方式也是可以被改变的。只有拥有更好的时间管理能力，即时间整理术，才能让时间变得更高效。

鲁迅先生说："平白无故地浪费别人的时间，就等于图财害命。"也有人说，时间就是金钱。而在王永庆看来："人的生命和精力都有限，必须全神贯注，持之以恒，才可能如愿以偿。"

在他的身上，你看不到什么叫作分身乏术，也看不到什么过于繁重的工作安排，而是看到了一个强调简单，并持之以恒的男人。

王永庆出生于台湾新店，是台湾著名的企业家。虽然他只有小学学历，但能白手起家创办台塑集团，建立起全球首屈一指的石化王国，不得不让人拍案惊奇。也因此，他被人们誉为台湾的"经营之神"和"台湾的松下幸之助"。

王永庆严谨的生活作息可以说数十年如一日：每天凌晨2点多起床，做毛巾操、跑步、游泳等运动，让身体苏醒。然后，读书、看报、写作和静坐。到了6~8点再去睡个回笼觉。9点准时到办公室。王永庆喜欢慢跑，众人皆知。不管天气怎么样，刮风、下雨，都无法阻止他每天坚持跑5公里。对王永庆来讲，慢跑就是向自我挑战。

午餐时间，王永庆用来做"午餐会报"和部属吃便当开会的。可以说，这是王永庆针对日常运营所设定的工作核心，每日根据最新报表，对照运营目标，进行PDCA体检。在午餐会报中，数字是唯一的管理语言，只要有异常数字出现，王永庆就会锲而不舍地追问。也因此，午餐的时间并不轻松。

随着台塑集团的经营由接班人传承，王永庆就不再参与午餐会报，而是回家吃饭，再回办公室继续工作。他还有一个比较奇怪的生活习惯，这在外人看来难以理解：到了晚上，他通常会在9点整上床睡觉。即便家里有客人，他也会在8点半以前把客人送走。

王永庆说过："今天我能在事业上有一点成就，主要是我对所认定的目标全力以赴。人的生命和精力都有限，必须全神贯注，持之以恒，才有可能如愿以偿。"王永庆一旦要做的事情，就专心地做、持续地做。而王永庆对生活时间上的坚持，也体现在他经营企业的态度和做法上。

当年，王永庆要从事塑料工业时，曾和创业伙伴赵廷箴一起到工业委员会拜访化工组主任严演存，洽谈投资事宜。由于两人当时都不懂塑料，遭到严演存的回绝。王永庆回去后，请教专家学者、学习塑料相关知识。

一年后，王永庆再次拜访工业委员会，并对塑料的性质、制程、加工、用途等了如指掌，在场的主管立马刮目相看。可以看出，王永庆对于自己不了解的，会追根究底，直到解决才肯罢休。

就连台塑集团各厂区的伙食，他都参与了管理。在当时，由于受限于厨师的手艺和偏好，菜色缺乏变化，营养不够均衡。后来，王永庆就聘请了营养专家，花了两个月的时间制订出一份"台塑关系企业全年度统一菜单"，每天三餐的菜色都不一样。一般人可能会觉得，像这样琐碎的事情要花这么多时间来处理，似乎很麻烦且没有效率。但是对王永庆和台塑而言，只有从最根本上合理化，才能把企业经营做到尽善尽美。

在王永庆眼中，"管理没有秘诀，只看肯不肯努力下功夫，只看如何利用时间"。在管理企业上，很多事情都很简单，只要你想清楚了，就去花费时间，合理运用时间。事实也证明，你花费了多少时间，投入多少心力，就会得到多少回馈。

而在我们的生活或工作中，不乏浪费时间的人。他们可能制订了周密的计划，想要一步步去实施，可是总会被突如其来的事情或自身的懒惰所耽误，这也就导致了再周密的计划，也在浪费时间上一点点消失不见。而这，也是普通人和成功者之间的差距。

别看管理时间很简单，虽然普通，但却有着莫大的力量。所谓"一屋不扫何以扫天下"，同样的道理，你连自己的时间都管理不好，又怎么能管理别人，管理整个公司或企业呢？

第六章

思维特性二：理性
——不谋全局者，不足以谋一域

| 思维简史

理性，不让思维出轨

理性的思维能力并不是与生俱来的，而是经过后天的学习和训练得到的一种结果。不管怎样，理性是一种心态或一种心境，其表现为能够客观、冷静地看待事物，且思维严谨，逻辑性强。而理智的人做出的判断，一般是根据以往的经验、自身的感觉或惯性思维，而这些恰恰是属于非理性的状态，比如臆想、妄想、梦想和想象。理性思维是人类思维的高级形式，是人们把握客观事物本质和规律的能力活动。理性思维的产生，为能够快速适应环境，为物质世界的快速发展找到了一条出路。

众所周知，人都有两面性：理智和感性。一个人在大多数情况下都处在感性状态。比如：看了部电影被感动了；别人说了几句贴心的话，被感动了；别人为你雪中送炭了，你就暗下决心要如何报答了……

不过，也有人持反对态度，说这些都是正常人的正常反应，谈不上感性或理性。在生活中，我就是一个理性的人，做事有原则。但其实，有些理性并不能被称之为理性，而是一种理智的状态。下面这个故事，说不定会给我们一些启示。

公元1799年，法国的国力鼎盛，法国军队横行整个欧洲，所向披靡。那年，法国皇帝拿破仑一世，派大将军马桑拿率领1.8万人组成的精锐部队进军邻国奥地利。

部队行至奥地利边界一座名叫弗雷其克的小城时，便在城外驻扎，还不停地向城内高声呐喊。当时，恰逢复活节，再加上弗雷其克没有正式的军队，就算城内居民抵抗，也无济于事，那无异于鸡蛋碰石头。

很快，弗雷其克城内的居民聚集在一起，商量对策，他们从早上到下午，会议持续了多个小时，一直都没有商议出一个结果。

一位长老忍不住说："我们从早上开会到现在，也得不出任何结论，这就说明我们也无能为力。今天是复活节，我们为什么要把时间浪费在这上面，而不是一起来庆祝复活节？我建议立即敲响教堂的钟，召集居民们一起来欢度复活节。至于那些法国军队，就让上帝去对付他们吧！"

众人听后，纷纷赞同。没多久，弗雷其克城内的各个教堂钟声齐鸣，城内居民老老少少都群聚在教堂中，开始唱歌、吟诵，以此来庆祝复活节。

马桑拿将军是一位作战经验丰富的将领，当他听到弗雷其克城内传来的钟声及吟唱声，思索一番后，对士兵们说道："情势不妙，早上我们到这里时，城里哭声连天。现在他们居然有心情庆祝复活节。根据我的经验，应该是城里有援军到了！而且援军的人数应该不少于我们。"

随即，马桑拿下令退兵。

就这样，弗雷其克城的百姓们不费一兵一卒，单靠钟声及吟唱圣诗就让法国退兵了。

马桑拿将军的失败就在于：没有理性对待这件事，而是凭靠以往的作战经验，用想象去判断事情的真假。不管对方的兵力是虚是实，没有经过验证，就下了结论，以至于对方不费一兵一卒，巧妙击退来犯的士兵们。

同样的道理，在工作或生活中如果能用科学理性的思维去分析问题和解决问题，相信我们也会减少一些错误的做法，减少损失。

所谓人无完人，人都会有感情用事的时候，如何能在人情世故的社会中活得理性，就成了看一个人是否成熟的评判标准。不是凭自己喜好，而是知道什么时候该做什么。

那么，如何能做一个理性的人呢？

首先，要承认无意识的情绪对行为产生的影响。打个比方，当你在购买一件物品时，很容易被颜色、款式、价格所影响。

其次，要聚焦问题本身，排除干扰。在生活中，有很多所谓的真理，但事实并非如此。比如："别人可以通过家庭关系或人脉就能成功，那我还努力什么？"可是，别人努不努力跟你有什么关系？别人成功了，别人走了捷径了，跟你没有一毛钱关系。你不会因别人的成功也获得成功，不会因别人的落魄而落魄。所以说，努力不努力，始终还得靠自己。

再次，看到事情背后的合理性。在理性的人眼里，任何事物的存在都有一定的合理性。如果合理性消失了，再多人坚持，也没必要做了。而不理性的人就会随波逐流地犯错误。比如：遇到难题，随意发脾气。

最后，不要无视证据。这点看着简单，但做起来却比较难。生活中，有很多人会拼死守卫自己固有的想法，即使你说得再有道理他也不信。而理智人的厉害之处在于：即使我认为这件事是对的，也能接受这件事是错误的事实。

总之，想要成为"王者"，必须摒弃生活中的感性，不被人情世故等因素干扰，而是要做理性的决策者。这样，你才能在事业上或个人塑造上，离完美更近一步。

行事严谨，理性决断

理性思维是对事物或问题进行观察、比较、分析、综合、抽象与概括的一种思维。其对事情的发展有着明确的方向，且有充分的依据。如果将理性思维运用到生活中，那就是能否控制住自己的情绪。因为一个人的情绪，能直接影响到自己的行为，甚至是自己的命运。

苏霍姆林斯曾经说过："不能控制自己情感的人，是一架破损的机器。"试想，如果一个企业领导在决策时，把个人的情绪放在首位，那企业的命运就要堪忧了。

虽然"亡羊补牢"的故事，告诉我们应该怎么做。但事实上，亡羊补牢，是及时止损。当遇到难题或不可挽回的败局时，我们要做的不是悲伤、懊悔，而是找出过错，及时调整战术，从而作出一个正确的决断。

这样，才是最理性的选择。

人生苦短，我们不该花费太多时间追忆过去，而是要更加珍惜时间，理性对待，并提高办事效率，才能让我们在大风大浪中不会迷失方向。

因此，要想做一个理性的，做事严谨、有决断力的领队人，就应该懂得如何抓大，而且善于放小。古人说得好：事有大小，有先后，察其小，忽其大；先其所后，后其所先，皆不可适治。

做事情要从大局出发，要正确看待大事与小事的区别，要将小事放手交给下属去做，而把所有的精力放在作决断和选择上。如果一个团队领路人，一个企业领导，事事亲为，不分主次，那么最后的结果只能是：大事、小事都做不好。

在这一点上，我们可以看看印度尼西亚前首富、印尼林氏集团董事长，被美国《投资家》杂志列为世界12大银行家之一的企业家林绍良的故事。

为了在事业上大展宏图，林绍良在1952年将贸易公司从古突士镇迁到了首都雅加达，而他的事业也从此进入了一个全新的高度。

在当时，印度尼西亚经济面临的最大问题，就是如何在一片废墟上重建家园。

林绍良首先理智分析了当地的经济形势，快速设定出一条清晰的商业路线——从人们的最基本需求上入手，如衣、食、住、行，要适应当时的经济需要。等打好基础后，再根据当地的经济发展趋势和自身条件，进入其他领域。比如衣、食、住、行这几个方面，穿衣是最重要的。等确定好计划后，林绍良就开始实施计划了。

同年，林绍良在尼默和布拉巴亚先后建立两座独资纺织厂，然后与人合资在古突士和万隆创建了慕利亚纺织厂和达鲁玛纺织厂。

没多久，林绍良又利用印度尼西亚丰富的橡胶资源，开办了一家轮胎厂，以适应当时汽车市场的需要。

| 思维简史

事实证明，林绍良具备了一个企业家的眼光和理性，他投资的这些产业都赢了利。成功对他来说，已经算是一个挑战。眼看着，机会越来越多，但他并没有迅速在各个领域投资，而是先冷眼旁观，再一击即中。

后来，林绍良又陆续投资了一些不起眼，但却存在着发展空间的行业，比如花生油、肥皂、铁钉、自行车零部件等等。在当时的市场上，这些都是比较短缺的物资。也因此，林绍良得到了政府的大力扶植和当地人民的支持。

随着企业的发展，林绍良也遭遇了一些难题，比如资金不足。一次次的挫败，让他深刻意识到：无论从事什么领域，想做什么，都离不开金融界的支持。所以，他需要有一个庞大的资金链做后盾。

1957年，林绍良找到泰国金融业巨头陈弼臣。在陈弼臣的帮助下，林绍良在印度尼西亚创办了中央亚细亚银行，并担任董事长。凭借经济实力和人脉资源，林绍良又在印度尼西亚的泗水、三宝垄、棉兰、巨港、万隆等城市先后开设了14家"中亚银行"分行和支行。

有了金融业做后盾，林绍良在生意场上如虎添翼，无往不胜。随后，他开始向工业、贸易、金融等方面发展，为林氏财团的崛起奠定了坚固的基础。

可惜，好景不长。1960年，印度尼西亚政府颁布了《禁止外侨经营零售商法令》，这使得作为华裔的林绍良受到了很大限制，他的事业开始变得举步维艰。

当然，林绍良并没有被打倒，而是调整了事业规划，在1965年与好友兼同乡林文镜等人合资创办了华仁谊集团。

多年以后，华仁谊集团逐渐发展到了30多家企业，其涉及的行业包括银行、建筑、地产、纺织纤维、水泥、面粉、钢铁、航空运输、贸易服务等，且均有不俗的成就。

在林绍良的身上，我们看到了一个有决断力的领导者。在他的事业经历中，哪怕是失败，他也没有轻言放弃，而是冷静分析，整装待发。即便被外界的一些因素影响,他也能找出最正确的方向。

在领导者的决策过程中,拍板其实是最关键的一步。拍得对,前途无量;拍得不对,满盘皆输。当然了,决定要不要拍板的过程,是极其艰难的,这不仅要求拍板者有充分的积累,丰富的经验,远见的魄力,想要为王的野心,还要求拍板者具备一定的决策技巧。

比如:在设定战略方案时,要从宏观、开放和创新的角度上研究问题,掌握大局,对当下局势了如指掌。与此同时,还要切记一点:控制好情绪,不要意气用事。

别让"外因"影响你的选择

你一定有过这样的经历:跟朋友去逛街,你看上了一件大衣或一双鞋子,你中意的是物品的基本款,不过时,且好搭配,但朋友建议你买款式新颖,有着流行元素的物品,他觉得这才符合你的年龄或气质。于是,你听从了朋友的建议。回家后,你左看右看,买下的物品都不那么中意。出门时,你因为找不到一条可以搭配的裤子,选择放弃这件新买的物品。你开始后悔,不该听信朋友的建议,他的建议只是他自身的喜好,而不是你的喜好……

这只是一个很小的例子,相信在生活或工作中,你一定遇到过很多因为外界因素的影响,从而影响了自己的判断的情况。从小了说,外界因素可能只是影响了你一时的心情。往大了说,外界因素可能会因此改变你的命运。

有句话说得好:"正确的决断来自经验,而经验则来自错误的决断。"倘若你真的很难做一项决定时,就该多花一些时间去收集信息,尽可能了解你将要面临的情况,如威胁与机遇。

"二战"中，盟军在诺曼底登陆的前一天，艾森豪威尔将军就面临着一个艰难的抉择。在当时，天气变幻莫测，甚至可以说天气十分糟糕。如果在这样恶劣的天气下，实施登陆作战将是毁灭性的决策。

可是，艾森豪威尔将军为登陆作战已经耗费了几个月的时间，做了收集情报和准备工作。如果此事放弃，那一切就将前功尽弃。他实在是不甘心！那种纠结让他痛苦不堪。

终于，他还是觉得应该进攻。为了这个决定，艾森豪威尔将军还立下了军令状，如果进攻失败，所有的损失由他一人承担！

事实证明，他的决定是对的。

艾森豪威尔将军已经耗费了几个月的时间，收集情报并做了一些准备工作，如果因天气的原因就让众人的心血付之东流，那是他不愿意看到的。

他实在是不甘心！事实证明，他不仅是一位杰出的领军人物，还知道何时何地相信自己的理性和直觉。

这也告诉我们，在做决断时，如果遇到一些干扰我们的因素，不要轻易下决定，而是要冷静分析，明确利与弊的大小关系，从而果断作出决定，付诸实施。

那么，有什么方法可以在最大程度上避免被外界影响，从而作出最正确的选择呢？

首先，要懂得筛选。

比如：在你面前有几种可行的方案，先不要急着下决定，而是要用掌握到的信息逐一比对分析。经过比对分析后，正确的选择就会逐渐清晰。

其次，要避免误区。

比如：在职场中，总有一些过于高傲的领导，在他们眼里："我就是天下第一！谁也不如我！"因为自身的一些思维影响，在无形中损害了自己的影响力。因此，无论你是多大的领导，都应该摒弃一些性格缺点，别让"外界因素"影响到对某件事的决策。不仅如此，这种管理思想根本不利于企业的长远发展，不利于团队的团结。

比如：听信他人，作决策就在一念之间。相信在职场中，并不缺乏这样的领导，他随性、自由，想到什么就是什么。甚至别人跟他说个什么小道消息，他都信以为真，直接让下属去操作，从而浪费人力物力财力。曾经，有一位公司的经理抱怨自己的老板说："在我们公司，老板在一些重大决策上从不和中高层经理商量，上千万元的投资也是比较随意，不经过考察、分析，就直接下达命令。这为我们的工作增加了不少难度。你做得好，他说自己的决策是对的。你做得不好，他说你的能力有问题……"

其实，像这种把小道消息当真理的决策每天都在发生，也许一个八卦、一个电话就决定了企业的生死存亡。如果你也是这样随性的领导，就要改变自己，采用"民主"的决策方式，让所有的中高层一起参与讨论，摒弃主观因素，做出不被外界影响的理性选择。

再次，要重视制度，这也是作出理性选择的一个标准。

在联想集团，柳传志反复强调，联想是一个执行力非常强的公司。在联想，开会决不允许迟到。会议不管大小，迟到的必须罚站一分钟。制度就是制度，必须贯彻。只有坚持用制度的强制力，才能解决一些领导者刚愎自用、暴政独断的问题。

最后，也是最重要的一点，摒弃情绪化。

哈佛大学积极心理学教授泰勒·本·沙哈尔曾经说过：情绪是一种巨大的神奇力量，也是一把双刃剑，既能让最精明的人变成疯子，也能让最愚蠢的傻瓜做出精明之举。

如果你是一个站在高处的领导者，就要明白，你的正面情绪或负面情绪，都会影响到所有员工的工作效率。如果领导者的情绪是正面的，其号召力和影响力会非常大，传播速度也会更快，范围更广。相反，如果你总是负面情绪缠身，那势必会影响到所有员工的心情，从而影响工作效率，影响企业的发展前途。

低调处世，大智若愚

老子曾说："良贾深藏若虚，君子盛德，容貌若愚。"真正的大用看似无用，但实际上抱愚藏拙，能包容人的一切长处。以"无用"的面目示人，最为人知的就是汉高祖刘邦、三国的刘备、《水浒传》的宋江，"无用"之人揽有识之士，天下英雄尽入我囊中，皆是深谙此道。这才是真正的"大智若愚"！

在生活中，无论做什么事情，都要懂得低调。低调，是一种人生态度。它是一种平和豁达、超然洒脱的态度，并不是消极的与世无争。一个人首先应该学会低调，低调才可以成就大事。

在美国总统竞选史上，林肯是一个以低调取胜的人。

当年他参加竞选时，坐在一辆耕田用的马车上，每到一个地区都和选民们亲切地说："大家肯定想知道我到底有多少财产吧，那么我告诉大家，我有一个妻子和五个女儿，都是无价之宝。此外，还有一个租来的办公室，室内有桌子一张，椅子五把。我本人既穷又瘦，没有什么可依靠的，我唯一的依靠就是大家。"

凭借真诚和淳朴，林肯赢得了选民的拥戴，成功当选为美国第十六任总统。可见，低调是一种豁达，更是一种智慧。

低调，又是面对种种压力和诱惑表现出的一种精神放松，进而达到拼搏而不被虚荣所累。既能融入社会，又能超越社会。既会工作，又会生活。拿得起，又放得下。

深圳作为一线城市，也是一年四季都适合旅游的城市，这里气候宜人，降水丰富，年平均温度约 22 摄氏度。在这里，春天可以去鹏城的花千谷里赏花，夏天可以去梅沙的海边游泳散步，秋天可以去羊台山远眺，冬天可以一睹世界之窗。

真羡慕任正非，可以安居在这样的美景中。那么，此时的任正非在干什么？是在飞往世界各地的飞机上，是在华为的会议室中指点江山，还是在为华为人而日夜奋战加油鼓气？

都不是！

此时的任正非正在深圳的家里，身系围裙，与孙辈们嬉笑玩闹着。孙辈们蹦跳着围在任正非身边，把他看作是一个老头，和他玩游戏，说些孩童般的稚气话。任正非的脸上挂满了微笑，一副慈祥老人的样子，话里尽是些长辈的柔情，丝毫看不出这就是一个"霸道"的企业大佬。

这样的情景，好不惬意！任正非喜欢这样的氛围，喜欢这样的天伦之乐，喜欢抛开有关于华为，有关于企业，有关于媒体的休闲和宁静。

当他从部队转业，用借来的 2 万元钱在深圳创业时，早已过了"三十而立"的他，饱受讥笑和嘲讽；当他喊出"狼性文化"时，饱受其他企业的质疑和猜测；当他提出要将华为打造成顶级国民企业时，多少人说他异想天开；当他执意要与跨国巨头一决死战时，招来多少笑话和"不自量力"。

就是这样一个看起来毫不起眼，内心狂妄的男人，带领华为一路高歌猛进，像个勇猛的战士，所向披靡，创造了一个又一个令人瞠目结舌的神话。

20 多年了，任正非终于把华为打造成全球第二大电信设备制造商和服务商，跻身世界 500 强，成为许多高科技企业的标杆和立身范本。

今天，不仅华为万众瞩目，就连华为背后的推手任正非也成为万众瞩目的强人——他曾是美国《时代周刊》入选的唯一中国企业家，被评为"影响世界的 100 位名人"；曾被福布斯榜和百富榜青睐；曾获得《中国企业家》杂志评选的"2008 年度中国最具影响力企业领袖终身成就奖"；曾占据 2011 年美国《财富》杂志中文版的"中国最具影响力的 50 位商界领袖"的榜首。

那又怎么样？

他不在乎，不出席，不领奖，不沾沾自喜，不在他人面前洋洋得意，不喜欢被人推到聚光灯下，像其他企业家一样，对自己的成就侃侃而谈。就算给他冠上"怪人""土狼""华为教父"的名号，他也一笑而过，继续保持"神龙见首不见尾"的做事风格，极少被媒体采访到。如果他能站在媒体前说上几句话，那简直就是对媒体的莫大恩赐。

任正非太低调了，太神秘了！这是每一个媒体人的叹息。虽然他不怎么在公众面前露面，但其低调做人的神秘风格和成就，在全球大型跨国公司领袖中受到尊敬的程度，是任何一个人都无法企及的。

从2万元起家，到几百万元的销售额，再到如今的年销售额4万亿元，可以想象到，任正非付出的努力，华为人付出的努力。你能说，任正非不会因此自豪，不想去炫耀吗？

当然不是！任正非也是凡人，也有着七情六欲，高兴了会笑，痛苦了也会流泪。华为的成就，在别人不知道的时候，他不知偷偷笑了多少次。只是，他笑的方式与他人不同罢了。他不敢在别人面前大笑，因为他怕哪一天会哭。他也不愿意在别人面前大哭，因为他知道，活着不是为了给别人看，而是为了自己，为了家人，更是为了华为。

他这样的想法，从懂事开始，就深埋心底。谁也无法想象他经历了些什么，即便他如今把青少年的坎坷经历当作笑谈讲出来，你也能看到一个作为男人的毅力、执着和对家的温情。他说过，兄妹7人曾因家境贫困吃不饱饭。直到高中毕业，他也没有吃过一个白面馒头，没有穿过一件新衬衣。他的母亲会因几块钱的学费东奔西走，挨家挨户去借，还遭人白眼……

所以，他比谁都珍惜所得的一切，比谁都懂得活的意义是什么。他是那么小心翼翼，又是那么耐得住寂寞。

当被问起华为的长项是什么时，任正非依旧保持低调：是傻！华为从上到下都是大傻瓜。

华为人真的傻吗？不傻！一群傻瓜又怎么能和任正非一起打造出华为帝

国?他的回答,令人忍不住想起电影《阿甘正传》,阿甘看似是一个智力低下的人,实则是导演在用一种另类的语言向观众昭示生活的智慧之处。而任正非的回答,正是阿甘式的回答。细细品味,不难看出任正非对傻子的自豪。

在生活中,我们要懂得谦卑,把它作为为人处世的黄金法则,只有懂得低调,我们才能得到别人的尊重,受到世人的敬仰。

低调做人,高调做事,是一门精深的学问,也是一门高深的艺术,遵循此理能使我们获得一片广阔的天地,成就一份完美的事业。

低调,是一种境界。有内涵、有修养、有本事的人,才敢于向别人低头,因为他知道自己的实力,他更懂得丰满的谷穗总是低垂着头的道理。他也有充分的自信,从不在乎自己低一点而被别人瞧不起。如果用乐观豁达、积极向上的心态去看待一切,那么坏机会也会成为好机会。如果用消极颓废、悲观沮丧的心态去看待一切,那么,好机会也会被看成是坏机会。所以,做人切勿患得患失,而应乐观豁达。

低调,更是一种心态。强中自有强中手,高人背后有高人。世上没有最高,只有更高。高是动态的,抽象的,永无止境的。但谁也不可能总是站在巅峰上,因此何不把自己看低一点,随和一点,自谦一点呢?

富兰克林曾说了一个道理,就是"愚人之心在口中,智者之口在心中"。可见,一个人不管名有多显、位有多高、钱有多丰,不管取得了多大的成功,也都应该低调做人,加强自身的修养,以一个好的姿态生活。

大局为重,懂得为对手叫好

所谓大局为重?可以说是一种全局思维、战略思维,也可以说是一种行为意识。就是从全局的高度、用长远的眼光来观察周围的形势,从而认识问题，分析问题，为企业或个人的命运实现全局性、长远性目标而努力。

在大局为重中，有很多行为都可以称之为大局思维。其中，懂得为对手叫好，更能贴切地为我们对大局为重的概念作详细的解释。

为对手叫好是一种智慧，也是一种修养。在你为对手叫好的同时，也是在不断提升和完善自我。与此同时，为对手叫好是一种不计较的豁达，也是在证明自己是一个真正内心强大的王者。

事实上，为对手叫好，并不会让自己损失什么，而是会让自己得到一些什么。比如：希拉里在中止竞选后，选择支持奥巴马，还请选民们同她一起来支持奥巴马，希望他们像支持自己一样支持奥巴马。在诸多因素的帮助下，奥巴马成功当选美国总统。

为奥巴马鼓掌，这种行为不但对希拉里没有什么损失，还对她的名声有好处。人们永远不会忘记一个为竞争对手叫好的女人，她豁达，有魅力。一位成功人士说："为竞争对手叫好，并不代表自己就是弱者。博弈规则的妙处在于，为对手叫好，不仅不会损伤自尊心，还会收获友谊与合作。"

可见，为对手叫好是一种智慧，因为你在欣赏对手的同时，也在不断提升和完善自我；为对手叫好是一种美德，你付出了赞美，得到的是感激。在为对手叫好，赞美对手的同时，也是矫正自私与妒忌心理、培养大家风范的过程。

1991年11月3日夜，美国大选结果揭晓了，克林顿成功当选美国总统。

克林顿在支持者们的聚会上发表演说，他先是感谢了昨天还在互相猛烈攻击的政敌布什，感谢布什从一名战士到一位总统期间为美国做出的贡献，并呼吁布什和对手佩罗及其支持者与他团结合作。在他执政的四年里，将忠诚地服务祖国。

远在异地的布什知道消息后，也打电话祝贺克林顿成功当选美国总统，还不忘调侃一下："白宫是个累人的地方。"此外，布什还保证自己和团队们将全力以赴与克林顿合作。

这种客气的"为对手叫好",在某种意义上就是一种付出,一种精神的付出。竞选成功与否,对布什和克林顿来说,哪个结果都是被肯定的。在事实面前,两个对手保持了高度的理智,为双方的成绩表现出超然的风度。

在生活或工作中,总有一部分人没办法做到"为对手叫好"。他们知道,无论在什么地方都充满着博弈和竞争,任何情况下都有可能遭遇强敌,说不定这个强敌就是自己前进路上的障碍,甚至会将自己彻底击败。但是,如果只想着胜败,就很容易变得偏激,固执。

此外,还有一种心理,就是嫉妒和羡慕对手,甚至自卑。认为自己应该达到一个预期,一旦没有达到,就出现了心理落差,看不得别人比自己好,更别说为别人喝彩叫好了。

所谓"塞翁失马,焉知非福",也许你失败了,却获得了一个良师益友呢?想把对手变成朋友,就要舍得为他"付出"。他胜利了,就大方地为他鼓掌,对方也会因你的鼓掌而对你刮目相看;当对方陷入困境的时候,你要保持冷静,不能见机踹他一脚;当你成功的时候,不要在对方面前趾高气扬,应克制自己,不要流露出得意的神情。

2002年世界杯决赛巴西击败了德国后,捧走了世界杯。终场结束的哨声响后,德国球员们的脸上是掩饰不住的失落与悲伤,但是他们还是走到狂欢的巴西球员面前,微笑、握手,说:"祝贺你。"

此时,罗纳尔多走向坐在门柱边上的卡恩,拍了拍他的肩膀,说:"好样的。"在这一刻,相信不少人都会被感动。

失败者向胜利者喝彩,胜利者也向失败者喝彩,难道他们是在作秀,是为了给观众和记者看的吗?当然不是!他们是在彼此欣赏,懂得失败乃兵家常事,失败乃成功之母,失败了又怎么样?在这个赛场上,还是有赢家的,这就够了。从他们的举动中,我们看到了一群不怕失败的勇者,他们有着宽大的胸怀和积极的心态。我们不是常听到"友谊第一,比赛第二"吗?这简单的一句话,也说明了输赢并不是第一位的。

为竞争对手喝彩是一种美德。每一次为对手的喝彩，都是对自己心灵的一次净化。而那些不敢为竞争对手喝彩，不想为竞争对手喝彩的人，其实是自己过于怯弱，是一种不自信的表现。那么，我们应该如何摒弃这些不好的心理，做一个真正能为对方叫好、喝彩的人呢？

首先一定要端正自己的心态。向竞争对手喝彩，并不表明自己是弱者；向成功者喝彩，会使我们得到成功的动力；向长辈喝彩，他们会欣赏我们年轻的热情；向晚辈喝彩，他们会欣赏我们成熟的智慧；向朋友喝彩，他们会珍惜我们的友谊；向对手喝彩，他们会尊重我们的人格；向失败者喝彩，会使我们感知失败的坚强。

其次是要懂得欣赏别人的优点。一个人的成功，必然有她成功的理由。无论她升职也好，加薪也好，嫁个有钱人也罢，她总有出色的一面，也许是出类拔萃的工作能力，也许是独有的人格魅力。我们应该学习她们身上的优点，修正自己的不足。只有多一些掌声给别人，多一些喝彩给别人，才能在人际交往中更上一层楼。

总之，无论在生活或工作中，都要以理智的心态对待。只有以大局为重，才有机会获得新的机会或战友。

第七章

思维特性三：突破性
——没有做不到，只有想不到

大胆突破思维束缚

追求成功是人生的一种积极的选择。然而，成功也并非轻而易举就能够获取的。机遇和挑战永远存在于生活之中，要想找到人生的突破口，就必须首先突破你自己。因为，只有超越了自己，你才能成为时代的强者，才能取得真正的成功。

不要总是向往成功，不要总是羡慕别人成功，其实你自己也可以成功。只要能突破自己的极限，你也能和成功人士一样成功！

而如果我们在生活或工作中遇到难题，我们一样会给出这两种答案：或坦然面对，或转身逃避。可以说，人生从来都不缺少梦想，而是缺少大胆追梦的人！

一个保险业务员，在刚刚从事保险行业的时候，为了说服客户购买他推荐的保险，他使出浑身解数，几次三番登门拜访，起早贪黑，付出了比往日里多好几倍的汗水，却没见什么成效。

顿时，挫败感和沮丧感围绕在他身边，让他郁郁寡欢。面对前路的未知与荆棘，他是迷茫的。有一段时间，他感觉自己失去了希望，想要放弃梦想了。直到有一天，他猛然惊醒，开始认真仔细地思考解决问题的办法。他问了自己很多问题：为什么会那么忧郁？什么地方出了问题？

回忆着平日里工作的情景，客户曾在他多次登门拜访后，终于答应购买他的保险，但客户常常在最后的关头反悔，说："让我再考虑考虑，下次再谈吧。"

最终，他不得不放弃，沮丧地离开。然后他会再花时间，去寻找新的业务。"怎样才能从这样的挫败感中走出来呢？"他思考着，并开始写计划。他首先翻出自己一年来做的工作笔记，然后进行细致深入的研究，希望能够从中找到答案。很快，他就发现了问题的症结所在。

接着，他一改往日的工作方法，开始采用新的推销策略进行工作。他再一次拜访客户时，不会百般"纠缠"，而是跟客户做朋友，明确他们的需要。如果在交谈过程中，对方并不需要，那他绝对不会开口讲一句关于保险的事情。如果对方需要，那他就会针对性地推荐。而这样的方式，也让客户觉得很贴心。

原来，他在工作日志中有了一个特别的发现——在他一年所卖的保险业绩中，只有不断去拜访，多次与客户见面，才有了7%的业绩。而他实际上所有工作时间的一半以上，几乎都花费在那7%业务上了。在认识到时间与工作成效的比重问题之后，采取了新推销策略，他果断放弃了那7%的利益，不再为它的诱惑所动。这样，他就有大量时间用于100%的拓展，使自己的业绩翻倍，最终创造奇迹！

很快，他的业务能力提升了不少，且做到了公司保险第一人，在一年内突破百万美元大关。这样的结果，是他没有想到的。

从一个处处碰壁、郁郁寡欢的保险业务员，成长为保险业内的第一人，在这个过程中，除了不放弃的精神，还有大胆突破。如果他没有大胆改变自己的推销策略，那他依旧是一个普通的保险业务员。

在成功的道路上，每个人都会经历酸、甜、苦、辣的青春。这样的青春，是属于自己的，是一生中最美好的一段旅程，短暂而不可复制的。只有经历过，才会拥有一个真实而有意义的人生，面对稍纵即逝的青春，要过得有意义、有梦想、有追求，才会充实。

曾经，钢铁大王卡内基问记者：是否愿意接受一份没有报酬的工作，用20年的时间来研究世界上的成功人士。

没有报酬，20年的工作时限？记者微微愣了一下。不过，他很快意识到这是一项充满未知性的工作！也许是挑战，也许是机遇。于是，记者很快说出了："我愿意！"

卡内基不确定地又问了一遍，记者依旧斩钉截铁。随后，卡内基果然帮他做了很多事情，推荐他认识了政界、工商界、科学界、金融界等卓有成绩的近500位成功者。在研究和思考他们成功经验的基础上进行比对与研究，终于找到了人们梦寐以求的人生真谛——如何才能成功。

20年之后，记者根据他们的经历写了一本《成功规律》，为年轻人指点迷津。这本书一上市就受到人们的喜爱，一度创销售纪录新高，成为激励千百万人获得财富和地位的教科书。随后，这位记者就成为了美国享有盛誉的学者、激励演讲家和教育家，百万美元收入的畅销书作家，且成为两届美国总统伍德罗·威尔逊和富兰克林·罗斯福的顾问。

面对这些荣誉，这位顾问说："大胆是成功的救命草。没有那天我的坚定，就没有今天的成就。"

从上面的故事，可以明白：大胆抓住历史机遇非常重要。

既然想好了，就不要犹豫。面对机会，我们应该大胆一点，即使前路荆棘坎坷，至少我们行动过。当你在追梦的道路上，偶然回眸，看到身后留下的坚实脚印，面对前路的荆棘与坎坷，继续昂首挺胸大步向前，只要怀着这份独立果敢的信念，就能走出一个无悔的青春。

想要什么，就去拿

许多人总以为自己不幸，以为自己怀才不遇，一遇事就归结为上天不公平！他们对鸡汤嗤之以鼻，认为成功的人生都是别人的，认为别人的成功都是有水分的。无论其他人怎么劝告，他们都不愿去看看周围，看看这个世界，看看那些比自己优秀的人，是怎么努力拼搏的。

网上有句很流行的话：每一个优秀的人，都有一段沉默的时光，不抱怨不诉苦。

所以说，当我们去抱怨什么时，不如想想：自己有没有努力争取过什么？自己有没有为这份工作付出过什么？当别人在埋头苦读奋斗时，自己在做什么？

有一天，俄罗斯剧作家克雷洛夫在街上漫无目的地走着。忽然，一个年轻的果农走上前来，拦住了他的去路。原来，果农只是想向克雷洛夫兜售果子。

"先生，请你帮忙买些果子吧！不过，我想告诉你的是，这些果子有点酸，这是我第一次种果子。"年轻人一脸害羞，又一脸抱歉的样子。

克雷洛夫见年轻的果农如此诚实，在赞叹之余，买了几个果子："小伙子，不要灰心！你以后种的果子会越来越甜，我第一次种的果子也是酸的。"

年轻人一听，以为遇到了同行，慌忙问道："你以前也种过果树吗？后来呢？"

克雷洛夫呵呵一笑，说道："我啊！我收获的第一个果实，是《用咖啡渣占卜的女人》。虽然当时也没有人买，但是后来啊，我的果子就越来越甜了。"

年轻人受到了鼓励，一下子有了信心："谢谢你，先生，以后我的果子也会越来越甜的。"

果然，在第二年，年轻的果农真的种出了香甜的果子。

在我们看到年轻人种的果子从酸果子到甜果子时，不要忘了年轻人是如何让果树结出甜果子的，在这个过程中，他又付出了怎样的努力。

不论是种树，还是做别的事情，都需要一个过程，一个朝梦想更近的过程。就像克雷洛夫自我调侃的例子，当我们跨出第一步的时候，通常都会遇到让自己难堪的窘境。

心理专家指出：有犹豫的时间，不如付诸行动。犹豫是考虑了行动的结果，但没有真正去实践，又怎么知道最终结果呢？世界都是在变化的，人在行动中也可以不断修正错误，逐步改变行动的走向，通往梦想的彼岸。

在我们的身边，有多少人曾经有过梦想，多少人又坚持了自己的梦想。有多少人最终放弃了梦想输给了现实。有多少人在梦想与现实之间徘徊不定。

也许会有人反驳说："不是我不想实现自己的梦想，而是在通往梦想的路上太孤单太无助太艰难""不是我不坚持自己的梦想，而是现实太残酷，我不得不低头"。

对此，我只想说，别再去说什么梦想遥不可及，别再去说什么梦想不切实际，在放弃的那一瞬间，你不是输给了现实，而是输给了自己。

曾经看过一个励志微电影，讲述的是：

男孩有一个梦想——摘星星。在他告诉别人时，总是能得到别人的嘲笑。高考填报志愿的时候，男孩很想报天文学，但家人却不同意，因为天文学不仅耗费的精力大，时间长，且学费贵。当时，他的父母刚去世不久，家里还欠了很多债。于是，他就报考了经济学专业。正如他所说的那样："我家里很困难，我长得很困难，我的梦想让人很为难。"

成功考入北京大学后,男孩十分努力,靠着勤工俭学养活自己,后来还获得了校方的优待,被减免了学费。

即便是在这样"拿不出手"的人生中,他也没有放弃过摘星星的梦想。闲暇的时候,他总会手捧一本天文学书,站在天文学课堂外旁听。

如果说梦想是一件衣服的话,那么天文学就是男孩买不起的服装品牌。如果说有梦想是男孩的希望之火,那么天文学就是男孩永远都难以采到的火种。

某天,天文系的一个教授注意到了这个爱学习的孩子,并问他想不想转系?男孩有些不好意思地说:家里条件差,天文系对于他来说太奢侈,也有点儿可笑……毕业了,他只想好好赚钱。

教授听后哈哈大笑起来,随即严肃地说:"你看看,我笑你了,笑完又能怎样呢?"男孩不解地看着他,不明白他的意思。教授继续说:"即便别人笑你,等他们笑完,你的生活还是要继续下去的,不是吗?"

不知道是教授给他的信心,还是他对梦想还抱有最后的希望。没几天,男孩就开始辅修天文学双学位。

有时,他会安慰自己:"像我这种从一出生就没抓到一手好牌的人,只能打好手里的烂牌,北大就像是我的一架梯子,可以让我越过生活的栏杆。"

到了大四的时候,那位教授告诉他,希望他能做一次毕业设计,如果展示得好,教授就会申请他保研,让他离天文学的梦想更近一点儿。如果展示得不好的话,有可能会浪费他的时间,甚至会影响到他获得一份好工作的机会。

教授问他:敢不敢拿工作与梦想赌一赌?

这是自己最后接近梦想的机会。可是当时,他是班里第一个获得国际投资银行工作邀请的人。看着手中的三方协议,男孩有些不舍得和不甘心,毕竟那是自己的梦想啊!有那么多人嘲笑过他的梦想,也劝他不要再做梦了。可是……

于是,男孩对教授说:我愿意赌一把!

当他上台展示自己的作品时,当星星充满整个教室时,全场的人都张大了嘴巴，这简直是不可想象的一幕。看着这漫天的星光，他想起了小时候。

原来，梦想真的不是遥不可及，只要你坚持下去，总会离梦想更进一步的。美国作家海明威说过：人不是为失败而生的。一个人可以被毁灭，但不能被打败。

男孩最终怎么样了？不知道。但我们要知道的是，在被他人嘲笑时，在内心彷徨时，一定要坚定信念，并相信自己。想要的东西，就努力去得到。

排除干扰，立即行动

世间太多纷纷扰扰，面对周围形形色色的人和事物，有太多的噪音和干扰。人在世上，每一天都在探索，都需要做出决定，立即行动。即便做一个莽夫，也比一个犹豫不决，自以为是的聪明人好得多。

鲁迅曾说过："世上如果还有真要活下去的人们，就应该敢说，敢笑，敢怒，敢骂，敢打。"如果一个人做事老是畏首畏尾，缩手缩脚，是难以成就什么大事的！但丁说过："走自己的路，让别人说去吧！"

一个人的一生，不能总被别人的言行左右。形形色色的世界给予我们很多，也影响了我们的心情和诸多的处世方式。每个人总会遇到许多困难，总会遇到许多不开心的事，但即便这样，我们也应该不为外物所动，坚持自己的主见，做到"不以物喜，不以己悲"。

太在意别人的想法，自己反而会做不好事情。

传说，弗尼吉亚的戈迪亚斯王在牛车上系了一个复杂的绳结，声称谁能解开它，谁就能成为亚细亚王。但从来没有人能解开。

公元前 223 年的冬天，马其顿大帝亚历山大进军亚细亚，他到达那儿后仔细观察了这个结，连绳头都找不到，他突然想到用自己的办法来打开这个绳结。于是，他拔出剑来，一剑就把绳结劈成两半，这个保留数百年的难解之结，就这样轻易被解开了。

如果亚历山大也像其他人一样找不着绳头就放弃了，也被别人的言行所左右，那他就无法解开这个绳结，更加无法名正言顺地成为亚细亚王。

果断是一种教养和能力，也是一种胸襟和气度。是当机立断的帅气和干练担当的底气。遇事要有谋略，行动果断；得事当勇，直面可解，躲避难结。优柔寡断的人是很难成功的，因为他总是前怕狼后怕虎，原地踏步不敢前进。

果断是一种自信，用在情感上，是重情重义、一言九鼎的气魄。用在事业上，是对周围环境的准确把握，认识和评估做出的决定。果断的人一定敢于承担。两个人的情感中，果断是担当；事业中，果断是魄力和胸襟；在一个团体中，果断是权威。

拿破仑一世于 1769 年出生在科西嘉岛的阿亚丘镇，他的原名叫拿破仑·比欧拿巴特。在小时候，他是一个犹豫不决的孩子。等他稍微长大一些后，他发现了一个规律，当他想要做些什么，但没有马上去做的话，那他就做不了了，因为家人不会给他留有犹豫的机会。

就比如说：爸爸问他想不想去姑妈家，他一旦犹豫了，那爸爸就会立马带着其他人走出家门；当继母问他要不要吃糕点，他没有立马答应时，糕点就会成为别人的点心了。

后来，他就养成了一个习惯，当机立断。想到什么，就立马行动。想说什么，就立马脱口而出。而这，为他日后的行动力奠定了基础。

一件事情做不做，什么时候做，该怎么做，都需要当机立断。正所谓青山常在，柴不等人。人生每天都是重新开始，我们能左右的就是出发还是等待。再不果断，秋天又来了。

在这个世界上有两种人：一种是空想家，一种是实干家。前者善于谈论、想象、渴望，为自己营造出一种虚幻的假象，但那一切终归是梦而已，经不起现实的考验。后者真诚、踏实，通过自己的付出和努力，将现实打磨成自己想要的样子，虽然最终的结果没有想象的那样美好，但却实实在在拥有着。

其实，面对美好的东西，大多数人都会很心动，但为心动付出行动的人却不多，而希拉里就是这为数不多中的一个。

"我向来认为，要判断人，必须以行动及后果为基础，不能只根据他们所说及宣称代表的东西。"这是希拉里一直标榜的。

行动让希拉里变身为一位工作狂，在国务卿的岗位上，她以卓越的行动力推动着自己。初任国务卿，美国国务院外交专家就向她提出：应该访问其他国家。外交专家的话刚一说完，希拉里就已经做出了决定：首访亚洲，先去日本。在场的人都惊呆了！没想到希拉里的行动力这样强。接着，希拉里就奔赴机场，在飞机上时，她才与日本外相通电话敲定了访日的具体行程安排。

正是源于对行动的专注，使她的工作总是走在别人的前面。其实，不论对希拉里这样的成功人士，还是对普通的女人，行动力都是需要具备的一个素质。

一个有想法并及时行动的人，才能满足自己的野心。相反，一个仅限于空想的人，只能在梦中实现野心。然而，美梦终归是要醒的，要破碎的。与其让梦成为一时，不如让它长久下去。

比如：首先，把事情具体化。

当你想做一件事情时，最好用笔和纸记录下来，把要做的事情细致化。这样才不会丢三落四。潜能大师安东尼·罗宾认为，如果要从"布置豪华、设备完善的办公室"跟"铅笔与纸"中任选一项来提高工作效率的话，他会选择笔和纸，因为用笔写下来，更能加深记忆。

经常会听到一些女性毫不在意地说："如果那样做的话，那我早就不是现在的我了！"这样的言论很是可悲，行动力也许不能给你带来大的成功，但如果你一开始就拒绝行动，那绝对会失败。英国前首相本杰明·迪斯雷利曾经说："虽然行动不一定能带来令人满意的结果，但不采取行动就绝无满意的结果可言。"

其次，做好充分准备。

美国企业家亨利·福特说过："做好准备，是成功的首要秘诀。"对于任何行动来说，充分准备都是必要的，必须的。因为机会只会青睐那些有准备的人。只有当我们做好一切准备时，才能在关键时刻顶上去，甚至崭露头角。一般来说，充分准备包括三个方面。一是思想准备。做任何事情，如果有了思想上的准备，就意味着事情有了一个良好的开端。二是信息准备。古人说得好"知己知彼，百战不殆"，只有对周边的环境和要应对的问题有一定的了解和掌握，才能打赢仗。三是能力准备。能力准备是需要我们具备专业知识和技能、宽广的视野以及掌控局面的综合能力。

最后，再坚持五分钟。

古代哲学家荀况曾说："骐骥一跃，不能十步；驽马十驾，功在不舍；锲而舍之，朽木不折；锲而不舍，金石可镂。"黎明前的一刻，往往是最黑暗的时刻，在这黑暗中，一定有不少人选择放弃，认为自己坚持不到黎明的到来。其实，只要再坚持五分钟，事情就会有新的转机了。

大胆去做，忠于自己

泰戈尔曾说过："我绝对不能劝你们总是走我的老路！我在你们这个年龄的时候，也曾把船解开，让它从码头漂出去，迎接狂风暴雨，谁的警告都不听。"

即使是父母、老师、朋友再三地劝告，我们都有这样固执自信的时刻。这样的自信也许带些年少轻狂的偏执，当我们经历过，这些自信慢慢沉淀，变成自己对事物确定的意见或见解。人要忠于自己，不必老是顾虑别人的想法，或是想要取悦他人。

　　生命的可贵之处，就在于按自己的想法生活，做自己。为自己而做，为自己的梦想而活，为自己的快乐而活，好好为自己生活。

　　英国格兰文森小城的一家杂货店主罗伯茨在女儿五岁生日时，对她说："孩子，你要记住——凡事要有自己的主见，用自己的大脑来判断事物的是非，千万不要人云亦云啊！这是爸爸赠给你的人生箴言，也是爸爸给你的最重要的生日礼物！"

　　罗伯茨是这样说的，也是这样做的。女儿玛格丽特就是在父亲这样一个"人生导师"的关怀下成长起来的。玛格丽特入学后，她惊讶地发现她的同学有着比自己更为自由和丰富的生活，劳动、学习和礼拜之外的天地竟然如此广阔和多彩。他们一起在街上游玩，可以做游戏、骑自行车。星期天，他们又去春意盎然的山坡上野炊，一切都是那么诱人。年幼的玛格丽特心里痒痒的，她幻想能有机会与同学们自由自在地玩耍。

　　有一天，她鼓起勇气跟充满威严感的父亲说："爸爸，我也想去玩。"

　　父亲脸色一沉，说："你必须有自己的主见！不能因为你的朋友在做某件事情，你也非要去。你要自己决定你该怎么办，不要随波逐流。"

　　见玛格丽特不说话，罗伯茨缓和了语气，劝导玛格丽特："孩子，不是爸爸限制你的自由。而是你应该要有自己的判断力，有自己的思想。现在是你学习知识的大好时光，如果你想和一般人一样，沉迷于游乐，那样一定会一事无成。我相信你有自己的判断力，你自己做决定吧。"

　　父亲的一席话深深地印在了她的脑海里，她想："是啊，为什么我要学别人呢？我自己有很多的事要做呢。刚买回来的书我还没看完呢。"

　　罗伯茨经常这样教育女儿，要她拥有自己的主见和理想。特立独行、与众不同最能显示一个人的个性，随波逐流只能使个性的光辉淹没在芸芸众生之中。

　　有主见，是不盲从别人的意见和建议。尤其是对于自己的事情，自己当然比任何人更清楚，因此自己首先应该有一个主意，但是也不能固执。自古以来，名臣良相都不仅仅是靠一个人，都有很多谋士为其出谋划策。可见，主见也意味着对别人的意见进行筛选和归纳。

在做任何事时，首先必须知道自己到底想干什么，目的是什么，结果会怎么样？人不是因为想有主见才变得有主见，而是因为他知道自己在做什么，才变得有主见。其次就是树立自己的自信，勇敢地面对问题，坚持自己的事情自己解决。再者，有主见的人的心理都是很成熟的。但是年龄并不能代表一个人是否成熟。成熟是经验的积累。

一个人有了一定程度的经验积累，那么在待人处事的时候就会从多方面看问题，这样自然就会体现出他的成熟。积累经验不是说一个人随着年龄的增长而经验就跟着增长，那是要靠跟社会长期的接触，和不同性格的人沟通，再加上一定的头脑，才可以令人经验丰富，才可以变得有主见。

一个人如果缺乏主见，就会在生活中显得腼腆和胆小。缺乏主见，也会对自己估计过低，做事优柔寡断，迟疑不决。有主见也不是什么时候都要自己扛，更不是什么时候都要表现得很强势；有主见不是说要很成功，而是在面对问题的时候能有自己的主张，能有自己的见解，但绝不是从不听取别人的建议。

在这方面，希拉里绝对有发言权。因为在她很小的时候，她的父母就已经教会了她如何倾听自己，如何做一个忠于自己内心的、有主见的女人。

在希拉里上小学时，每周都会参加一次数学竞赛。希拉里的答题速度较慢，为了帮助她提升速度，父亲每天都会早早起床，叫醒她，并陪她一起练习。

父亲的陪伴，让她具备了刚毅的性格。她深深地明白：挫折、难题并没有想象的那么可怕。面对挫折，如果立即束手就擒，一味任其发展而没有试图改变，那挫折就真成了可怕的东西，甚至吸走你原有的正能量。

如果说希拉里是一个勇者，那么她的的母亲就扮演着赠与力量的人。希拉里的母亲本身就是一个强大的人，她时常告诉女儿：做自己，不要过多地顾及别人的眼光。母亲的鼓励,让希拉里在与小伙伴的打架中胜利完成"蜕变",战胜了恐惧,力量在她的心中逐渐萌生。

在一次演讲中,希拉里说:跌下去,要坚持信仰;被击倒,要马上起来,绝不要听任何人说"你不能"或"你不该走下去"。

在参加总统竞选期间,她遇到了空前的挫折——从一个受万人景仰的政客沦落为仅有极少民众支持率的可怜虫。即便这样,她也不曾退缩、逃避,而是重新捧起《圣经》,从中汲取力量。尽可能做一切好事,尽可能采取一切手段,尽可能利用一切时间,尽可能地持之以恒,尽可能……一切,只是因为她忠于自己。

力量赋予了希拉里坚强的品性,帮助希拉里重新寻找迷失的方向,补救自己曾经犯下的错误。或许正是这样,她战胜了人们根深蒂固的思想——"女人就是不如男人""女人就是弱者",站在了巨人的肩膀上,俯视世界。

希拉里这样强悍,她还算是女人吗?有些人不禁问道。其实,在希拉里的世界里,政治并不是人生的中心,更不是人生的全部,她只是忠于自己,做了自己认为应该去做的事情。

在我们的周围,并不乏因没有主见而随波逐流的人,他们不跟着自己的心走,选择了自己并不喜欢的事物和人,随后在后悔中不断循环。

人生苦短,何必为难自己?与其后悔一生,不如改变自己,做一个自己想要成为的"人"吧。

学会推销自己

"学会推销自己,成功推销自己"是一种精准思维,是一种非常务实的思维方式。强调具体和准确,要求动作精准到位,在一个个具体的点上解决问题,排斥大而化之、笼而统之地抓工作。在生活中,有很多行为如择业、交友、相亲等,都可以称之为精准思维。

精准思维通俗地说,也就是一场自我推销。如果一个人能够巧妙地推销自己,那么对方就会很快地了解到你的优缺点或特性,从而做出正确的选择。

《成功地推销自我》的作者霍伊拉曾经说过:如果你具有优异的才能,而没有把它表现出来的话,这就好像是把货物藏于仓库的商人,顾客不知道你的货色,如何叫他掏出钱财来购买呢?

无论是卖货物还是做人,都应该积极地进行自我推销,展现自己的魅力。进行自我推销是一种才华,也是一种艺术,需要我们在实践中不断地摸索和总结。懂得自我推销,善于自我推销是女性朋友们必须掌握的一项生活技能。毫不夸张地说,人生需要推销,推销无处不在。一个懂得自我推销的人,并能够适当地推销自己的人,总会离成功比较近。

然而,面对激烈的竞争,有些人反而不敢推销自己了,尤其是女人。在女人心里,她们是爱面子的,甚至是有些不好意思的。面对别人的询问或问题,她们总是保持一贯的"女性特征"——扭扭怩怩、羞羞答答,敢想不敢说。有的女人连想都不敢想,她们怕抢了男人的风头,成为男人和女人眼中的"女强人",而"女强人"就是她们认为的"剩女"。为了不成为"剩女",她们就不敢推销自己了。

其实，女人们完全没有必要这样！自我推销是时代发展的需要，也是展现自己能力的好机会。在推销自己时，如果做到实事求是，不卖弄、不夸张，恰如其分，谁又会说你狂妄自大？抢了男人的风头呢？

成功学家卡耐基曾说过：不要怕推销自己！只要你认为自己有才华，那就要相信自己可以！卡耐基说得非常有道理。只要你认为自己有才华，那就有资格向社会推销自己了。只有勇于推销自己，才有实现自己的理想和人生价值的机会，才能为社会做出更大的贡献。

同样的道理，即使你是千里马，如果你不跑上几圈的话，谁又能知道你是千里马，从而挖掘你呢？

也有些女人感到苦恼"我是很想推销自己，可是不知道如何推销自己"。下面，就教女性朋友们几招推销的方法：

1. 要确定推销的对象

面对不同的对象，应采取的自我推销方式不同，外表也要随着对象和环境来变化。比如：对方要买的是奢侈品，如果你穿着朴素的话，那么就拉低了奢侈品的价格；如果推销员戴的是高级手表，穿的是名贵鞋子，那么就会留给对方一种好印象，成功地卖出奢侈品；如果顾客想买到物美价廉的东西，那你就不要穿得珠光宝气的，这只会让别人望而却步。

2. 要善于展示自己的优点

在人际交往中，女性一定要善于展示自己的优点。比如：你的语调是不是庄重、胆怯或令人讨厌。能够对他人形成一种印象，语调、语言、身体姿势、微笑等都是不可或缺的。如果表现得落落大方、有礼貌的话，那就会给别人留下一个好印象；如果表现得不好，就很容易给人一种夸夸其谈、浅薄的印象。

3. 推销自己应自然一点

女人在进行自我推销的时候，要自然流露而不是做作表现。要知道，成功者从来不会夸耀自己的功绩，而是让它们自然地流露出来。比如在向领导汇报工作的时候，不妨说："我做了××事……但不知做得怎么样，还望您多多指点，您的经验比较丰富。"

表面看来，你是在听取领导的意见，但实际上已经表现了自己，又表现出了自己谦虚的美德。如果你以请功的口吻向领导炫耀了自己的能力，并说做这件事费了不少功夫，多么的不容易等，那这就损害了自己的形象，也降低了你在领导心目中的地位。

4. 占领市场

在公司里，女人尽量利用自己的性别优势引起别人的注意。比如：在夏天的时候，可以组织一次出行旅游的机会，漂流、烧烤等，并且要与以前的同事和上司保持联系，建立起一张属于自己的关系网。

5. 不要害怕错误

在工作中出现错误是在所难免的，关键是看你有没有处理错误的能力和挽救错误的能力。当犯错误的时候，不要惊惶失措，不要逃避，而是应该勇敢地承担责任，寻找解决问题的办法。只有在紧急状态中表现得头脑清醒、思路敏捷的人，才会得到同事和上司的信任和器重。

6. 另辟蹊径，与众不同

大家都知道，款式新颖、造型独特的商品都是市场中的畅销货。同样的道理，做人也是一样。如果一个女人不修边幅，信口开河的话，那就会像货架上花哨或颜色暗沉、没有吸引力的的东西，让人远离。如果一个女人有自己独特的气质、独到的眼光，那就像货架上鹤立鸡群的商品，一下子就会引起他人的注意。

7. 集体面试时，表现更要积极抢眼

当碰到多位主考官与多位应征者共同面试的情况时，更需随时留意自己的一言一行。譬如，当其他应征者发言时，你是否专心聆听？每次主考官提问时，你都最后回答还是抢先回答？凡此种种，都逃不过主考官们的火眼金睛。

想成功，擅长"利用"

利用，听起来让人觉得有城府，阴险。但实际上，很多成功的人正是懂得利用身边的资源，才有了日后令人刮目的成就。只要有底线和原则，利用一下又何妨。

众所周知，犹太人是极其聪明的，他们的聪明不仅表现在生存上，还体现在"利用"思维上。在犹太人的家庭里，父母们都很注意培养子女的勤勉精神。犹太人认为，对于勤劳的人，造物主总是给他最高的荣誉和奖赏，而那些懒惰的人，造物主不会给他们任何礼物。但与此同时，他们还信奉："仅仅知道不停地干活显然是不够的。"言外之意，就是懂得利用身边的资源，适时发挥杠杆效应，从而取得超越个人能力多倍的成就。

在我们的身边，也不乏这样的人存在，如希拉里。作为一个国家的第一夫人，是多少女人在梦里都渴望的事情啊！她们想象着，第一夫人的光鲜亮丽，什么都不用操心。其实不然！每一个第一夫人都各有各的想法、梦想和困惑。

希拉里也不例外，她也曾苦恼、困惑过。不过，她更想为自己，为梦想做些什么。于是，她开始"利用"起第一夫人的头衔，"利用"起身边的所有资源，为自己，为人民做些事情。

是啊！既然有这个便利和资源，"利用"一下又怎么样呢？相反，如果只是固守传统，不愿意变通和利用资源的人，那无疑是愚蠢的，不被成功青睐的。

曾听过一个关于犹太人的笑话：

由于住房紧张，几个犹太商人商量之下，决定在一个废弃的火车上度过这个寒冷的冬天。某一天晚上，几个犹太商人穿着睡衣，在寒风中颤抖不已地来回推动车厢。

来自其他地方想要在此过夜的人看到他们的举动，就不解地问道："你们在干什么？"

"因为有人要上厕所！"推车的犹太人说，"车厢里写着：停车时禁止使用厕所，所以我们只好不停地推动车厢。这可累坏我们了！以后，我再也不来这鬼地方了。"

听到这话，问他们话的人沉默了。这虽然是个笑话，但不得不让人反思。每个人都离不开自己所处的客观环境，也离不开自身的主观条件。改变整个客观环境，是过于费时费力，甚至异想天开的事，所以我们能做的只有适应环境。

要切记：利用已有的条件，改变自身的处境，则是完全行得通的。每个人都有一些无法改变的条件。比如，身材的高低、出身的背景、眼睛的颜色等。每个人也有一些可利用的条件，比如工作能力、文化水平、身体素质等。在生活中，大多数人的通病就在于不会利用条件，不懂得充分利用手中的资源以充分发挥自己的潜能，却祈求或奢望自己所没有的东西，那样是难以事业有成的。

人生也是如此，只有懂得"利用"，懂得多开动脑筋，想办法，不固守常规，才会遇到"柳暗花明又一村"的成功。

凯莉今年17岁了，是个聪明的孩子。暑假快到的时候，她严肃地对爸爸说："爸爸，我不想暑假每天待在家里，我需要一个工作，一个锻炼自己又能赚取零花钱的工作。"

"太棒了！孩子，我非常支持你这个想法，只是……"

凯莉明白，爸爸在担心她，不过没关系，她总能找到工作的。因为她比邻居家的山姆要聪明得多，他都能找得着，自己没理由找不到。

于是，凯莉就利用起网络和报纸，甚至还给很多公司打了电话询问，是不是需要像自己这样的人。

"你为什么不直接去公司看看呢？"一旁的妈妈提议道。

"哦不，妈妈，我可不想把时间浪费在跑腿儿的琐事上。"在不断的寻找中，凯莉终于发现了一个很适合自己的工作，并按照回复邮件中的时间到达了。面试的人很多，由于凯莉只是暑期工作，再加上专业的问题，她确实没有什么优势。负责招聘的人按照各种要求把她排在了第25位。

我如何才能得到这份工作呢？凯莉苦思冥想。几分钟后，她就想到了一个好办法。她拿出一张纸，在上面写了一些东西，折得整整齐齐，走向秘书小姐，恭敬地对她说："小姐，请你马上把这张纸条转交给你的老板，这非常重要。"

看着凯莉身上散发出一种自信的气质，秘书就认为她肯定不简单。于是，秘书推开了面试房间的门，把纸条交给了老板。老板看后，不由得笑了。原来，纸条上写着：先生，我排在队伍的第25位，在你没有看到我之前，请不要做决定。

就这样，凯莉得到了一份工作。

如何从竞争者中脱颖而出？如何在并不占据优势的情况下取得胜利呢？17岁的凯莉给我们上了很好的一课。也许有人认为凯莉的这张纸条很重要，是这张纸条让秘书和老板都认可了她。其实，真正打动老板的是凯莉的智慧和善于动脑，是她懂得利用资源，叫秘书当传递员的智慧。

由此可见，智慧不仅可以创造财富，智慧本身就是一处挖不尽的宝藏，只要你用心去开采，就会有丰厚的收获。朋友们，如果你也想做一个智慧的，懂得利用身边资源的人，就继续往下看吧。

不管需要什么，多发展人脉没坏处。美国有句流行语：一个人能否成功，不在于他知道什么，而是在于他认识谁。在当今这个社会，人脉已成为专业的支持体系。对于个人来说，专业是利刃，人脉是秘密武器，如果光有专业，没有人脉，要想成功也是有一定难度的。如果把人脉和专业结合起来，那么个人的努力也就变成了一分耕耘，也会事半功倍。

因此，开发和经营人脉资源，不仅能为你雪中送炭，在"贵人"相助之下更能为事业发展锦上添花。别小看任何一个小人物。一提起人脉，我们就会想到对自己事业上或生活上有很大帮助的人，但其实，每一个人的存在，都有一定的道理。也许，在你看来最不起眼的人，往往起着关键性的作用。

下篇　思维方式
——那些你需要刻意训练的思维方式

如果说上篇所讲的重点是如何理解思维的概念及其特性，那么下篇所讲的就是如何在有限的知识里，增加思维的宽度和高度。

人的思维发展会随着对事物或世界的认知，不断更新、变化，甚至是颠覆。因此，下篇中所提到的积极思维、换位思维、逆向思维、多元思维、双赢思维、创造性思维、简化思维、U型思维、整合思维等，就是根据人以往的思维所给出的值得分析的思维模式。这些思维模式并非思维技巧，而是让人通过分析、比较，从而让自己更接近自我的层面，亦或是思考。

第八章

积极思维——推开世界的敲门砖

积极思维是你手中的一张王牌

1972年，韦纳（Weiner）提出了归因理论，他认为内因外因、稳定不稳定是人们在进行归因时所考虑的两个维度，这两个维度互相独立，人们如何归因会影响今后的成就行为。当人们把成功归于内部因素（如能力），会产生强烈的自豪感。反之，如果把成功归于外部因素（如运气），则会使人的兴奋情绪大大降低，甚至还会产生担心忧虑的情绪。与之相对应，当人们把自己的失败归于内部因素，会使个体产生羞耻感，引起忧郁的情绪情感体验。而把自己的失败归因于外部的因素，则会对未来类似活动的成功期望不至于过低，会继续努力，这将有助于保持乐观的情绪。十年后，韦纳又提出了归因的第三个维度——可控制性，即事件的原因是否是受个人能力控制。当把成功的结果归因于可控制的原因，如努力，会充满自信。把成功的结果归因于不可控的原因，如能力、任务难度、运气等，则会产生惊异的感觉。若把失败的结果归因于可控制的原因，会感到内疚。归因于不可控的原因，则会感到无奈。

韦纳的归因理论不仅从行为上进行分析，特别是从思维方式和人际关系中来分析事件的成败。他从大量的实验中总结出成败的原因，主要是能力、努力、任务难度和机遇四个方面。

在日常生活中，我们可能会遇到种种类似的问题。当我们遇到问题时，我们头脑中第一时间冒出来的想法可能是"算了吧""下次吧""好讨厌""我真倒霉"……你如果在接下来的时间里被这样的想法所主导的话，那结果只有一个，就是消极与负面的思想会占据你的头脑——你会选择放弃。如果这种思维模式成为一种习惯，它会严重地影响到你的生活以及成功。

拿破仑·希尔指出，一个人要想改变失败的思维模式，必须先学会积极的思考模式，学会调整自己的心态，将自己的否定式思维转变为肯定式思维。

"人是唯一能接受暗示的动物。"积极的暗示，会对人的情绪和生理状态产生良好的影响，激发人的内在潜能，发挥人的超常水平，使人进取，催人奋进。

"学历是铜牌，能力是银牌，人脉是金牌，思维是王牌"，这话不无道理！人与人命运不同的最大区别，就在这几点。如果说，哪一点更重要，那便是思维上的差异。

一个人，可以跳过学历，可以跳过能力，可以跳过人脉，但绝对跳不过思维的限制。换句话说，积极的思维模式才是一个人手中真正的王牌。

积极的思维模式，是突围命运的一场激战，是塑造心态的一种有效暗示，是创造和开拓未来人生的奇迹。积极的思维模式，是一个人成功的特征，其存在着巨大潜能，并通过环境产生出最好的结果。所以说，要想做一个王者，就要拿出自己的王牌！

任正非5岁那年，新中国成立。刚经历过抗战，别说家家户户生活困难，就连国家也一贫如洗。像任正非这个年龄的孩子早早就下地干活，帮父母插秧，还要去山上放牛。

任正非有兄弟姐妹7人，生活拮据程度可想而知。孩子一天天长大，饭量一天天增加，也需要适合自己身高的衣服。

据任正非回忆：每人每个学期都要交2~3元的学费。一到交学费时，母亲就发愁不已。他经常看到母亲四处向人借钱，且经常借不到……

为了活下来，母亲实行严格分饭制，每一餐每一个人的量都是固定的，谁也不能多，谁也不能少。如果不这样，他们活不到今天。

"我真正能理解活下去这句话的含义。"任正非说。

整个高中三年，任正非有两个梦想：一是吃上白面馒头，二是有一件衬衣。这两个梦想，一个也没有实现。

上大学时，母亲一下子给了他两件衬衣，他哭了。这两件衬衣意味着什么，他知道。接下来的日子，母亲和兄弟姐妹会异常艰难。

那一刻，他下定决心"要活，大家一起活"，他一定会改变自己的人生，改变家人的人生！

这个信念成为他向上的动力。

或许是年少的经历，让任正非性格刚毅，心态积极，懂得在挫折、不幸、灾难和恶运降临时，没有将自己伪装成毫不在乎的傻瓜，而是用最大的能量抵抗悲观，不让自己沉溺其中，避免走向堕落的人生低谷。

当然，人不可能永远处在好情绪之中，生活中既然有挫折、有烦恼，就会有消极的情绪。但只有拥有积极思维模式的人，才敢于接受不稳定因素的存在。好的心态要求我们既要看到积极的、有利的因素，又要看到消极的、不利的因素，接受不可避免的事实。

人生的转机无处不在，只是需要我们调整心态，改变处事方法，积极面对，就能做到越有挫折，越发积极，就可以避免或扭转败局。有时，只需换一个角度，烦恼将不再是烦恼，忧愁也不再是忧愁。压力会成为你奋斗的动力，错误也能变成你提升能力的前奏。生活就是这样，很多起初看来很糟糕的事情，结局或许会出人意料的好。

有一些年轻人，由于缺乏对自己客观的期望和评价，再加上竞争激烈的外在环境，从而会让自己变得怯弱、自卑，甚至悲观。此时，我们就可以用心理暗示来调整自己的心态，从而让自己变得积极起来。

在社交中，要学会观察他人的举动来暗示自己，让自己把握机会。比如：当你看到他人对你微笑时，不要漠视，要报以同样的微笑，并要大胆地跟对方打招呼；当你知道客户或领导注重外表，重视服装品质，那就要知己知彼，在外表上稍加注意。说不定，一个机会就在朝你走来。要明白，这不是迎合，而是为了促进合作或沟通，甚至是"悦己"，有个好的形象，好的心态自然就来了。以下五条原则，可以帮你培养和加强积极思维的能力。

1. 从行为举止开始

积极的行动会引导积极的思维，而积极思维也会引导更为积极的人生态度，这都是相辅相成的。反之，如果一个人的人生态度消极，那就不会采取积极有效的行动，那他的思维模式也永远积极不到哪里去。

2. 用美好的前景和坚定的信心去影响别人

如果你拥有积极的思维模式，你周围的人也会被你所吸引，因为人们总是喜欢跟积极乐观者在一起。

3. 重视与你交往的每一个人

我们每个人都有一种欲望，即感觉到自己的重要性，如果你能满足别人心中的这一要求，别人也会反过来使你感到重要。因为大多情况下，你怎样对待别人，别人会怎样对待你。

4. 寻找每个人身上的闪光点

事实上，就算最差劲的人身上也有优点，你眼睛盯住什么，你肯定就能看到什么。如果你总是寻找别人身上最好的东西，就会让你对他人留有美好的印象，也会使其感觉良好，能促使他们成长，努力做到最好。

5. 寻找最佳的新观念

积极思维者时刻在寻找最佳的新观念，这些新观念能增加积极思维者的成功潜力。

诚然，虽然积极的思维模式并不会直接给你带来什么成果，但它会间接发挥作用，终有一天能够对你的心灵产生启示，帮你树立成功心理，从而改变你对外界的认知态度。总之，想要手握王牌，就得从积极的思维开始！

"积极"就是"征服"

在大多数人眼里，高学历，高职位，高薪，有房，有车，才能叫人生赢家。而那些做着普通工作，每个月只能解决温饱问题的人们，虽然不能称之为失败者，但离成功者的路还有很长的一段距离。

20多年前，有一则新闻说北大才子毕业后，选择当屠夫！瞬间，这个消息像一颗重磅炸弹似的，在全国各地炸开了锅。有人说他丢了母校的脸，有人说他白上了那么多年的学，有人讽刺他再好的平台，也改变不了他的命运，还有人认为他在炒作，只是为了给自己的创业造声势……

当屠夫卖猪肉，这个选择到底是好是坏，是对是错？

20多年后，这位卖猪肉的北大才子在广州开设了近100家猪肉连锁店，营业额达到2亿元，被称为广州的"猪肉大王"。

原来，名校的毕业生不仅能当官，进外企，还能卖猪肉！

行业没有贵贱之分，更没有学历高就应该从事光鲜亮丽的工作，学历低的或没学历的就该从事平凡工作的说法。如果说，一定要找出人与人之间的命运差异，那就是：积极向上的态度和征服世界的王者心理。

伍尔沃斯是世界上最大的小商品零售超市，却很少有人知道，在20世纪20年代时，它也经历过很大的波折。

1924年，伍尔沃斯先生向朋友借了300澳元，创立了自己的第一家创意小店，里面的每件商品都是5分钱。刚创立不久，就收到了很好的收益。

眼看生意越来越红火，伍尔沃斯接连又开设了4家分店。令他没有想到的是，生意很快一落千丈。算账时，他惊然发现在这4家分店中，有3家赔钱了。

此时，伍尔沃斯开始冷静下来，他分析失败的原因：自己没有开分店的经验；精力太分散；没办法同时兼顾；管理方面有很大的漏洞。

对于这些错误，伍尔沃斯及时做出深刻的检讨，随后采取稳打稳扎的策略。在后来的10多年时间里，他虽然只开了12家分店，但每一家分店都有盈利，并成为同行中的佼佼者。

步子大了容易栽跟头，伍尔沃斯就是很好的例子。

无论是北大才子，还是伍尔沃斯，他们都有一个共同的特点：一步一个脚印地坚持向前。

古今中外，有多少有志之士倒在了别人的质疑声中，而那些抵抗得住质疑，坚持到最后的，往往就是那些获得万众瞩目的人。如：太史公马迁写《史记》用了18年，班固写《汉书》用了20年，王充写《论衡》用了30多年，司马光写《资治通鉴》用了19年，王祯写《农书》花了15年，徐霞客写《徐霞客游记》用了34年，李时珍写《本草纲目》用了27年……

罗马不是一夜之间建成的，再远的征程也是一步一个脚印完成的。有人说，一个人能否成功，不在于他知道什么，不在于他认识谁，而在于他清楚自己是谁，能做什么，能走多远。别小看任何一个小人物，但凡清楚自己要什么，以及有征服世界的决心，那他的存在即使毫不起眼，也能一鸣惊人。

当然，征服不仅仅是光有决心就够了，还需要征服自己的坏情绪。在事业或生活中，坏情绪能摧毁积极的心态，甚至摧毁一个人。

希拉里是一个情商较高的女人，懂得控制好自己的情绪。有次，希拉里的竞选对手拉齐奥来势汹汹地过来，手里拿着一份文件硬要她签字，她果断拒绝了。

"就在这里，马上签字！"竞争对手拉齐奥步步紧逼，不断纠缠，就是不肯放过她。希拉里烦躁不已，又赶紧镇定下来，猜测拉齐奥是故意用这种方式给自己造成压力，让自己发脾气，从而影响到总统选举。

想到这里，希拉里克制住了心中的怒火，没有与他发生冲突。

克制自己的脾气或坏情绪，在任何场合都是难能可贵的本领。保持良好的心态，也能让人受益颇多。或许会有人说，想哭就哭，想发脾气就发脾气，这才叫率真的性格啊！这话也对，也不对。那些把喜怒哀乐都挂在脸上的人，的确很容易被人相信，与他人交流起来轻松，但这种率真却不利于在社会或人际关系中扎稳脚跟。比如：某天清晨，你正惬意地开车去上班，突然有一辆车猛地变道，差点撞上你的车。你惊魂未定之余，气愤不已，甚至认为这是一个不好的预兆，并暗示自己今天要小心一点儿。等到了公司，你又发现同事请假没有来，这就意味着今天你要做两个人的工作……要加班。可上班之前，你明明答应妻子或孩子，下班后要一起去做某件事。于是，你的小宇宙爆发了。可能，你失了约，工作也没做好，还会受到上司批评……

可见，不征服坏情绪，又怎能有好情绪，有积极的心态呢？

由于每个人所面临的现状与所处的环境不同，对生活的标准，对生活的渴望，对生活的追求，对生活的理解也是完全不相同的。人人都想做大事，人人都想成功，这是一种本能，但我们不能因为没有成功，就开始抱怨、责备这个世界，谩骂周围各种环境。

无论我们处在什么样的生活环境中，都不能缺少积极向上和征服的心态。两者合二为一，势必会影响你的情绪和意志，决定你的生存状态与生活质量。

积极主动才能"自救"

常听到有人感叹"世上千里马常有,而伯乐不常有"。其实只要你稍微转变一下思维,你就能发现伯乐。伯乐没有火眼金睛,他只能通过一个人的外在表现来判定是不是千里马。而此时,积极主动就显得更重要了。

积极主动,是自我拯救中必不可少的一种品质,是获得幸福的一种方法,更是铲除通往成功之路绊脚石的好帮手。

希拉里的才华和拼劲是有目共睹的。在学校期间,希拉里对政治十分痴迷,她关注着大多数中学生不会关注的事,做着大多数中学生不会做的事。

在她十二三岁时,在家庭教育中,她得到了磨砺,懂得了什么叫坦然接受,什么叫处事不惊。比如:在她的家庭中,孩子们是必须做家务的,不然就得不到零花钱。当她们对此抗议时,父亲就会说:"我养了你们,不是吗?"

孩子们无奈,只好照做,继续为零花钱努力着。不仅如此,为了赚得更多的零花钱,希拉里每周有3个上午都会到距离家几英里之外的小公园担任管理员。

大学毕业后,希拉里前往阿拉斯加一边打工,一边游玩。她端过盘子洗过碗;在鲑鱼场处理过海鲜……

她曾回忆说:在鲑鱼场穿上及膝的胶靴,站在混合着血的污水里,用勺子除掉鲑鱼的内脏,并将鲑鱼装箱的这段日子,让自己受益匪浅,并为在华盛顿的生活做了很好的基础准备。

作家刘瑜曾说:"一个人就像一支队伍,对着自己的头脑和心灵招兵买马,不气馁,有召唤,爱自由。"

希拉里就是这样,她强大,无所畏惧,从不排斥生活中的任何不测。即便有个当总统的老公,希拉里也不敢对提升自己有丝毫放松。她很清楚,人生中绝大部分的时间都需要自己单独面对,虽然这些时间里充满了孤独、无助,但她还是选择主动出击。

在复杂多变、祸福难测的世界,一个人能把人生活得像一支队伍,既能百战不殆,又能幸福得像花儿一样,她得在背后付出多少主动的努力啊。这样的女人,又怎能不称她是王者风范。

仔细想想,为什么同是名校毕业或家境相似,走的路却如此不同。有的人越来越平庸,有的人却越来越万众瞩目。根本原因在于,前者缺乏了主观能动性,缺乏奋力直上的拼劲。

曾经,希拉里为了不想止步于家庭,想要更上一层楼,便去挑战自己最害怕的事。一番考虑下,希拉里搬到了阿肯色州,过了一段独居生活,没有亲人,没有朋友……在我们看来,或许这是多此一举,何必去追求虚无缥缈的东西,可在她看来,她主动挑战了自己,战胜了自己,这是一个正确的选择,也是对未来的一个良好开端。

如果希拉里任由恐惧蔓延,无法独处,那我们很难看到一个坚强、独立、勇敢的第一夫人了。正是因为她这种"自救"的方法,帮助自己逃脱了内心的恐惧。

联想一下生活中的我们:一遇到不高兴的事情或是受到他人的负面影响,就会肆意让负面情绪蔓延,给消极懈怠等负面情绪下手的机会,慢慢吞噬我们。过于情绪化会让周围的人认为你喜怒无常,不敢对你委以重任或信赖你,因为你不够成熟稳重。情绪化会让你丧失判断力,冲动之下说出后悔的话,作出错误的决定……要想让自己活得轻松,过得幸福,离成功更近一点儿,就应该学着放下包袱,给自己积极的自我暗示,养成乐观豁达的好习惯,做一个懂得"自救"的人。

比如:不做附属品。每个人存在于世界上,总是有一定的道理。我们不需要去做一个附属品,更不要为了别人的喜好,轻易改变自己,成为"×××第二"。这就像是女人买衣服一样,你花费了大量的金钱买了一件认为独一无二的连衣裙,你希望它能让你变得不一样。可是,你刚一走出门,却看见有人穿了一件跟你一模一样的。于是,你重新审视这件连衣裙,觉得它并没有那么独一无二,甚至觉得它普通。对物品尚且如此,对人又何尝不是这样呢。

做一个乐观的,积极向上的人。不管天生是什么性格,只要抱有乐观的生活态度,那人生总会是阳光普照。相反,悲观的人整天感觉阴雨连绵,让人不想靠近。

做任何事,都要主动性强一些。不要等着别人来给你指派任务,或者得过且过,对自己毫无要求。这样一来,好运又如何会降临在你的头上。

敢于直面一切。俄国诗人普希金说:假如生活无意中欺骗了你,请不要犹豫,不要悲观,不要愤怒,当不顺心时,暂且克制自己,请你相信,快乐的日子不久就会来到。生活中的很多事,只是因为我们缺乏面对的勇气,便成了"怕什么,来什么"的结果。

积极主动助你迈向成功

积极主动是什么?是"心有多大,舞台就有多大"的自信心和积极态度,更是将自己最优秀的一面呈现给大家的一种方式。积极主动,能带给我们无穷的力量。

我们总能听见这样鼓舞人心的句子,但我们总会在听后不屑地一笑,随之忽略其内在的含义和力量。相信在生活工作中,你会遇到这样的事情——下属或同事很喜欢抱怨。比如:某个部门做事不讲理,某个人如何不给自己情面,领导的安排如何不合理,为什么自己没有晋升的机会……即便他们换了工作，换了环境，抱怨仍然停止不了。

实际上，抱怨是因为这些人混淆了工作范围的真正含义。要知道，无论我们在哪儿，为谁工作，都应该把握主动性。人是活的，不是工作机器，不需要总是按部就班，做着上司交给我们的工作。如果工作上只能维持现状，却无法带给你进步，那抱怨势必会产生。

著名企业家奥·丹尼尔在《企业对员工的终极期望》一文中说："亲爱的员工，我们之所以聘用你，是因为你能满足我们一些紧迫的需求。如果没有你也能顺利满足要求，那我们就不必费这个劲儿招聘你了。既然招聘你了，那说明我们需要一个拥有技能和经验的人，需要一个帮助我们实现目标的最佳人选。于是，我们给了你这个职位，而你欣然接受了，谢谢你！在你任职期间，你会被要求做许多事情，比如本职的工作以及特殊的项目。你会有很多机会超越他人，并向我们证明当初聘用你的决定是多么明智。然后，有一项最重要的职责，或许你的上司永远都会对你秘而不宣，但你自己要始终牢牢地记在心里。那就是企业对你的终极期望——永远做非常需要做的事，而不必等待别人要求你去做。"

"永远做非常需要做的事，而不必等待别人要求你去做"，这句话，就告诉员工，也告诉我们：积极主动，才能让你有机会超越他人，才能有机会站在王者的高度。

与企业家奥·丹尼尔的思维一样，沃尔玛的员工手册上也写过类似的话："'这是我的工作！'这句话很少在其他工作场所听到。你可能习惯于听到'这不是我的事'。在这里，你有权去确定顾客是否得到最佳服务和最大收获。这意味着，你是否能在完成自己的本职工作后，做一些其他的事情，比如：能让自己进步或能改进工作效率的方法，你还可以通过群策群力以及共同工作，确保顾客在一个整洁的、安全的环境中得到最高的价值。这是你的职责。"

是啊，在工作中，我们经常听到的是"这不是我的事"，而不是"这是我的工作"。在大多数人眼中，工作只是一份谋生的手段，只要在工作时间内做好工作就行了。加班？这怎么可能！除非给充足的加班费，以及其他福利。在他们眼里，生活是生活，工作是工作，二者不能融合在一起。

但与此同时，他们也忽略了没有主观能动性，就只能做个小职员，也许一辈子都不会有什么进步，更别提什么成功了。

实际上，每一个心有"王者"愿望的人，都应该积极主动去做，而不是忽视或等着他人去做，从而放弃机会。要明白在工作中，我们要做个有心人，去发现需要我们积极主动去做的事。

某天，一个培训中心的销售主管向领导抱怨说："顾客来咨询培训课程时，要做一个水平测试。这个工作本应该是由教务部门的人来做，凭什么要我们销售部门的人来做？我们也没有那么多时间，如果测试做的不好，谁来承担责任。"

领导听到后，就把这项工作转交给了教务部门。

教务部主管接到通知后，很是不满："现在一有顾客上门，我们教务部就要放下手上的工作给他们做测试，这严重影响了我们工作的效率。这个测试这么简单，销售部门完全可以给顾客做。"

销售主管立刻反驳道："不是所有的测试，我们都可以做。有三分之一的测试是较难的，我们根本做不来。教务部的人做完测试就完事了，也从来不帮我们说几句推销课程的话，对顾客来说，教务人员的话更可信。"

两个部门僵持不下，导致日后的工作频发冲突。也正是因为如此，领导最后辞退了销售部主管和教务部主管。

在领导眼里，他需要的下属是来解决问题的，而不是给自己制造问题的。一份简单的工作，如果这样推托下去，很难想象他们能做好本职工作。这样的人，又怎么能被委以重任呢？

在工作中，像销售部主管和教务部主管那样的人大有人在，他们只关心本部门的利害关系，不愿意与其他部门配合协作，最终他们只会被领导从"优秀的队伍"中剔除，且不会再有任何的机会。

从这个事例中，我们应该明白：决定你成败的，就是心态，就是有没有积极的、主动的工作态度。社会的竞争如此之大，你不往前，自然会有人超越你，走到最前面去。

好时机不怕晚

北京大学技术与管理系主任李宗楠先生曾经总结道："美国之所以发达，有两个基础工程是重中之重：一是遍布全国的高速公路网；二是渗透到每个经营单位的电话网。"

军队出身的任正非比一般人更加清楚，信息工程有着多么重大的战略意义。要想富，先修路。信息高速公路的发达与否，直接关系到国民经济的活跃程度。巨额的交换机费用以及它造成的高昂电话费，无疑是中国经济腾飞的拦路虎。

"当时我们不懂，误上了电信设备这条贼船，现在想下都下不来了。"这是任正非多次说过的话，"如果我们当时开的是饭馆，那么现在利润可能更高，我也更舒服。"这种说法给人一种"撞大运"的感觉。好像华为走到今天，是撞运气撞出来的。任大叔真是得了便宜还卖乖。他第一次接触程控交换机，或许是偶然因素，但他投入大力气搞研发，则一定是谋定而后动。

"我过去倒腾别人的东西，经常受制于人，经常是要货的时候对方没货，或者随意加价。"任正非后来对早期的受制于人仍记忆深刻。

绝不受制于人，才是任正非下狠心投入研发的根本原因。有些人能忍受寄人篱下混饭吃，但对任正非这种超级没安全感的人来说，仰望别人鼻息，就等于日夜寝食难安。至于选择在电信领域搞研发，与他在军队通信兵的背景不无关系。如果说任正非投身电信领域的时候，没有想到利用那些原来的通信兵后来转业到各地电信局任干部的战友们，那任何人都不会相信。

耶稣说："你们要走窄门。因为引到灭亡，那门是宽的，路是大的，去的人也多。引到永生，那门是窄的，路是小的，找着的人也少。"

在中国企业界，恐怕只有华为一家是走"窄门"的。华为创立之初，任正非就提出以技术立足，多年来华为始终坚持员工总数35%以上为研发人员，10%的销售额用来支持研发。

曾经，李一男为了帮华为省钱，没有用完当年的开发资金，却被任正非臭骂一顿。技术研发存在风险，众人皆知，很多企业都是浅尝辄止，一旦发现研发投入是个无底洞，投入了未必有实效，往往只能顾及短期利益，砍掉研发部门这个包袱。别说国内企业，即使美国的施乐、洛克菲勒等巨头企业，依然会在财务报表难看的时候砍掉研发这个成本包袱。

与其说是因为任正非强势的性格、坚忍的意志、置之死地而后生的魄力，不如说是他对不安全感刻骨铭心的痛，让他放手在研发上大赌大赢。

1984年，张瑞敏进入青岛电冰箱厂，宣布了工厂管理条例，甚至包括"不准在车间随地大小便"，给作风懒散的工厂注入了活力。然后他抡起大锤砸烂了76台冰箱，海尔自此赢得了市场的尊敬。

同年，柳传志先生与其他10位科研人员以20万元人民币开始创业，不久之后，杨元庆在校园里看到一张"电脑维修招聘"的大字报，走进了联想的大门。

鲁冠球被维修门市部开除后，摆弄着他的万向节，下定决心，绝不回头当农民。

远在大洋彼岸的乔布斯，利用棒球比赛转播中的一则广告，向世人告知，电脑时代来临了。

"在战场上，军人的使命是捍卫国家主权的尊严；在市场上，企业家的使命则是捍卫企业的市场地位。而现代商战中，只有技术自立，才是根本，没有自己的科研支撑体系，企业地位就是一句空话。"任正非亢奋道，"外国人到中国是为赚钱来的，他们不会把核心技术教给中国人，而我们指望引进、引进、再引进，企业始终也没能独立。以市场换技术，市场丢光了，却没有哪样技术被真正掌握了。而企业最核心的竞争力，其实就是技术。"

在这些企业大佬身上，不难看出：如果把大环境比作牌局，那么无论他们手中拿到的是好牌还是坏牌都不重要，重要的是有没有积极的心态，有没有想赢的欲望和敢赢的心。

第九章

换位思维——走向高处的踏板

换位思维是一种艺术

换位思考，顾名思义就是让你站在别人的立场上想问题，是设身处地为他人着想，即想人所想，理解至上的一种处理人际关系的思考方式。比如我们总说"你怎么不替对方想想？"这里一个很大的问题是：一个人有没有可能想象到对方的处境呢？很多时候，你跟对方表明你的立场，对方怎么也无法理解，当然这里有"愿意不愿意"去了解的问题，也有对方能力上是否是力不从心，缺乏想象力的结果。别以为只有艺术家需要想象力，生活中一样也需要。因此，当你对对方的言语和行为无法理解的时候，或许一个位置的调换，站在对方的立场上体验和思考问题，从而与对方在情感上得到沟通，改善和拉近了人与人之间的关系，为增进理解奠定基础。它既是一种理解，也是一种关爱！

如果你懂得换位思考的艺术，你拥有这方面的修养，你即便不是一个成功的人，也必定是个好人，聪明人！

德国一家大企业花费上亿马克，把原来产品生产的大流水线，改变为许多小流水线，使工人从长期固定在一道工序上，改变为一个人看管一条小流水线，从事产品生产所有工序的作业。

后来，他们决定实施一种新的管理思想——以人为本，让工人多管几道工序，而不是在一个岗位上重复自己的动作。

记者采访的时候问："现代化的流水线发展趋势是更细化的，所以工人通常只负责一个工序，你们为什么要逆着潮流而行呢。"

负责人说："因为我在流水线的岗位上体验过，守着一个日日夜夜都不会有变化的工序劳动我会抑郁的,我很理解为什么每天下班的时候,我看到的工人们都是一脸无奈。相反,如果让我多负责几个工序,我的劳动兴趣会比重复一个动作高得多。我想那些工人们也是这样想的吧!自从我们实施了这个新的管理模式,我的工人们都很感激我呢。"

能够站在别人的角度上去思考问题,不仅能够得到别人的认可和尊重,往往也有助于自己行动的施展。正如改进了管理方式的负责人,他发现,工人们的工作效率比从前也提高了。

学会与他人相处,学会换位思考,能真正读懂他人内心的需求,同时也能很好地善待他人,理解他人。换位思维,就是设身处地将自己摆放在对方的位置上,用对方的视角看待世界,这是一种非常有益的好思维。

在工作或事业中,遇到分歧的时候,理解才是解决问题的必要前提。只不过,这时候不是劝说、安慰对方,而是学会换位思考,懂得站在对方的立场上考虑问题,并通过恰当的言语表达出来。

早年,卡耐基每个季度都要租用纽约某大旅馆的大礼堂约20个晚上,用以讲授他的社交训练课程。

有一个季度,卡耐基授课不久,忽然接到通知,旅馆经理要他交纳比原来多3倍的租金。而在此之前,卡耐基为学员们准备的入场券已经印好,并且已经发到了学员手中,其他准备开课的事宜也已悉数办妥。也就是说,时间和条件都不允许卡耐基更换培训场地。他只能去跟旅馆方面交涉。

"我接到你们的通知时,有点震惊,"卡耐基对旅馆经理说,"不过这不怪你。假如我处在你的位置,或许也会这样做:你是这家旅馆的经理,你的责任是让旅馆尽可能地盈利。你不这么做的话,你的经理职位很难保住,也不应该保住。但是,假如你坚持要增加租金,那么让我们来合计一下,这样对你有利,还是不利。"

"先说有利的一面,"卡耐基说,"如果大礼堂不出租给讲课的而是出租给举办舞会、晚会的,那你们就可以获大利了。因为举行这一类活动的时间不长，他们能一次付出很高的租金，比我的租金当然要多得多。租给我，显然你吃了大亏。再说不利的一面。首先，你增加了租金，却是降低了收入。因为实际上，你这样做等于是让我走人。由于我付不起你所要求的租金，我势必得找别的地方举办训练班。另外，不知道你考虑过没有：我这个培训班将吸引成千上万有文化、受过教育的中上层管理人员到你的旅馆来听课，这对你来说，难道不是起了不花钱做活广告的作用吗？事实上，即使你花5000美元在报纸上登广告，你也不可能邀请这么多人亲自到你的旅馆来参观。可我的培训班给你邀请来了。这难道不合算吗？"

最后，卡耐基说："请仔细考虑后再答复我。"

最终，经理选择让步了。

在上述事例中，卡耐基在与旅馆经理交涉的过程中，没有提到一句关于他想怎么样的话，他总是站在对方的角度想问题、说问题。这正是卡耐基的高明之处。

我们不能左右天气，但可以改变心情；我们不能决定生命的长度，但可以控制它的宽度。而做到这些都需要你领悟到思维的真谛——懂得换位思考。

换位思维人人都可以做到，它不是一种复杂的技巧，而是一种人生态度。只要你愿意，你就可以做到。

美国有名的商业领袖、著名律师欧文·杨说过："能设身处地为他人着想，了解别人心里想些什么的人，永远不用担心未来。"在商场上，当人们都在为了自己的利益搏杀，如果你表现得不那么自私、愿意设身处地为他人着想，帮助他人，那么你最终能得到极大益处，因为很少有人会在这方面跟你竞争。

完成真正的换位思考我们可以尝试以下步骤：

第一步，承认不同，忌先入为主，克制自己以主观评论的欲望；

第二步，用提问更深入地了解他人对此事的看法，思维逻辑，甚至价值观；

第三步，以他人的思考方式站在他人的角度重新审视这件事。

无疑,生活中有着太多令人无限烦恼,而又无法改变的事情:上班拥挤,电脑死机,彩票总也中不了大奖。有的事情想想都要绝望:孩子不听话,年龄增长但升职无望,工作赚不到钱房价却高不可攀……。在无数可以怨天尤人的理由面前,我们却可以选择适应,选择换个角度来思考问题。也许,化腐朽为神奇,就在这一念之间。

换位思维,得不同人生

一代文豪苏东坡有一首诗是这样写的:"横看成岭侧成峰,远近高低各不同,不识庐山真面目,只缘身在此山中。"这首诗,完美地诠释了,不同的角度看到的东西是不同的。

同样的道理,在生活中也是如此。为人处世要懂得换位思考。如果一个人万事都能学会换位思考,那么生活中就会多一些理解,减少许多不必要的烦恼,增添不少快乐,笑意将永远在我们脸上荡漾,我们的生活将充满灿烂的阳光。用自认为好的方法来对待别人,是自作多情;用希望别人对你的方法来对待别人,是将心比心;用别人期望的方式来对待别人,是善解人意;为对方着想,这是最朴素也是最高超的技巧。

换位思维,是设身处地为他人着想,即想人所想、理解至上的一种处理人际关系的思考方式。人与人之间要互相理解、信任,并且要学会换位思考,这是人与人之间交往的基础。互相宽容、理解,多去站在别人的角度上思考。

在炎热的夏天,有一个人在田间劳作。没过一会儿,他就汗流浃背,苦不堪言了。这时候,他想起自己每天来田里劳作都要经过一座庙,庙前有一个和尚坐在山门前的树荫下,悠然地摇着芭蕉扇纳凉。他好羡慕这个和尚的舒服生活。

一天，他告诉妻子，想到庙里做和尚。妻子知道他只是一时的想法，就没有强烈反对，只说："出家做和尚是一件大事，去了就不会回来了，平时我做织布等家务事较多。这样吧，从明天开始我和你一起到田间劳动，一方面向你学些没有做过的农活，另外两个人干活儿快一些，重要的农活儿干完了，你就早点儿去庙里，然后我干剩下的农活。"

这个人听了之后，很高兴。

从那天起，夫妻二人早出晚归，只是为了不耽误时间。到了中午，妻子就提早回家做了饭菜送到田头，然后和丈夫在庙前的树荫下吃。

时间过得很快，没几天田里的主要农活就完成了。后来，妻子帮丈夫把贴身穿的衣服洗洗补补，亲自送他到庙里。庙里的和尚听了以后，十分惊讶，说："我看到你俩早出晚归，看起来两个人都能吃苦。中午妻子做饭，又送到田头，与你一起在树荫下吃饭，那画面真是幸福，夫妻恩爱，有说有笑的。我看了，十分羡慕。现在，我已经下决心还俗了，你反而来做和尚？"

那人听了后，恍然大悟。原来，幸福就在自己身边，为什么自己只看到别人的悠闲自得，却看不到自己已有的幸福呢。想到这里，那人带着妻子回家去了。

故事中的妻子聪明贤惠，没有直接反对丈夫，而是与丈夫有商有量。直到他们来到寺庙里，才知道：丈夫以为自己看到的是风景，其实他在别人眼里也是一道风景。当我们自以为别人的风景最美丽时，殊不知，自己的风景才惹人羡慕。

如果这个人能换位思考一下，虽然自己辛苦一些，但自己有田地，有一个聪明贤惠的妻子，还能在肚子饿的时候，有人关心自己，给自己送来可口的饭菜。而这，不就是另一种悠闲自得的幸福吗？

在职场中，也需要换位思考，站在自己或他人的立场上来考虑问题，给自己和他人一个机会。

一个士兵打完仗回到国内，从旧金山给父母打了一个电话："爸爸，妈妈，我要回家了。但我想请你们帮我一个忙，我要带一位朋友回来。"

"当然可以。"父母回答道。

"有些事情必须告诉你们，"儿子继续说，"他在战斗中受了重伤，因为踩着了一个地雷，失去了一只胳膊和一条腿。他无处可去，我希望他能和我们一起生活。"

"我很遗憾，孩子，或许我们可以帮他另找一个地方住下。"

"不，我希望他和我们住在一起。"儿子坚持。

"孩子，"父亲说，"你知不知道你在说些什么，一个残疾人将会给我们带来沉重的负担，我们不能让他的到来，打扰到自己的生活。我想你还是快点回家来，把这个人给忘掉，相信他会找到一条适合自己的路……"

父亲话还没说完，儿子就挂上了电话。

从那以后，父母再也没有得到儿子的消息。几天后，父母接到旧金山警察局打来的一个电话，警察说他们的儿子跳楼自杀了。

父母一下子愣住了，他们怎么也没想到，自己的拒绝竟然让儿子这样想不开。等他们到达旧金山后，在停尸间里看到了只有一只胳膊和一条腿的儿子。

此刻，父母才恍然大悟，可一切都太迟了。

这则故事是悲伤的，在我们惋惜生命的可贵时，又不得不说换位思考的重要性。因为失去了一只胳膊、一条腿，儿子就编造了一个善意的谎言，想要问问父母，是不是还能接受残缺的自己。可是，他忘了：父母是这个世界上最爱我们的人，无论我们变成什么样，父母都不会嫌弃我们的。他忘了，父母是爱他的。他忘了，他的自杀比起少一只胳膊一条腿，更让父母心痛。

而故事中的父母，在听到儿子的谎言时，没有多加思考，而是选择拒绝，因为他们不想把一个残缺的人带在身边，让那个人连累自己。当然，父母的本意不是不愿意帮助别人，而是给出一个让别人有选择的机会。如果他们无条件地接纳那个人生活，那不叫帮助，叫怜悯。相信对那个人来说，怜悯不是他想得到的结果。于是，悲剧发生了。如果父母能够多想一想，儿子为什么会说这样的话？或者能在见到儿子以后，再做决定，那结果就会变得不同。

由此可见，换位思考是人对人的一种心理体验和思考过程。将心比心、设身处地是达成理解不可缺少的心理机制。它客观上要求我们将自己的内心世界，比如情感体验、思维方式等与对方联系起来，站在对方的立场上体验和思考问题，再与对方进行沟通，从而达到理解和关爱的目的。

换位思维，获得宽容

古德在《点石金》一书中说："停下一分钟，将你对他人的冷漠与自己的热心做一个比较。你会发现：人和人是如此的相似！知道了这一点，你就可以和林肯、罗福斯一样，牢牢抓住了人际交往中唯一的原则。换句话说，想要处理好人际关系，你需要站在他人的立场上去考虑问题。"

当年，奥巴马的竞争对手，一个反对未婚先孕的竞争对手，讽刺的是他的女儿竟然在17岁时怀孕了。奥巴马知道后，并没有利用这件事打击对方，而是诚实地说："我出生的时候，我的母亲也只有18岁而已。"他的这种宽容和理解为自己赢得了更多的支持。

人与人之间要互相理解、信任，更要学会换位思考，这是人与人之间交往的基础。通过换位思考，可以让人们突破固有的思考习惯，学会变通，解决常规性思维下难以解决的事情；通过换位思考，可以让人们了解别人的心理需求，感受到他人的情绪，将沟通进行到底；通过换位思考，可以让人们揣摩到对方的心理，达到说服对方的目的；通过换位思考，可以让人们欣赏到他人的优点，并给予对方真诚的鼓励；通过换位思考，可以让人们很好地进行服务定位，更好地让客户满意；通过换位思考，领导者可以让下属佩服，获得拥护……

有一天出行，因为导航的问题，丈夫走错了路。当妻子得知自己离想要去的地方越来越远时，一下子就生气了，在旁边一直念叨："怎么会走错路？你已经不是第一次来了，难道不跟着导航就不行吗？都是你，我的周末泡汤了！好心情也被你弄糟了。"

就在他们回来的路上，又突然下起了大雨。因为有一段路是泥路，汽车的一个轱辘陷进了泥坑里。丈夫加油半天，也没有办法驶出泥坑。没办法，两人只能淋着雨，使劲推着车前行。妻子一边帮忙，一边埋怨："都是你的错！要不是走错路，也不会遇到这样的麻烦。"

丈夫被念叨的生气了，大声说："够了！我已经听够了！你能闭嘴吗，现在我们的任务是离开这里！"

被丈夫这么一吼，妻子委屈地哭了……因为这件事，两人冷战了好几天。

又到了一个周末，妻子正在厨房炒菜，丈夫借此机会来到厨房，一方面是求和，一方面是为了给妻子一个教训。他站在一旁唠叨个不停："慢点儿，小心点儿！火太大了。赶快把鱼翻过来，你油放太多了……"

妻子被他弄得手足无措，一下子来了气："闭嘴！我知道怎么炒菜。"

丈夫平静地答道："我只是要让你知道，我在开车时，你在旁边喋喋不休，我是什么感觉……"

这时，妻子才明白丈夫是什么意思，随后向丈夫道了歉。

故事中的丈夫因走错路，被妻子一直埋怨。随后，他通过"指导炒菜"的方式演绎了"妻子"的喋喋不休。听着丈夫的念叨，感受到别人的指手画脚，妻子的心态发生了变化，甚至跟丈夫道了歉，夫妻俩又其乐融融了。

换位思考的实质，就是设身处地为他人着想，即想人所想，理解至上。人与人之间少不了谅解，谅解是理解的一个方面，也是一种宽容。我们都有被"冒犯"、被"误解"的时候，如果对此耿耿于怀，心中就会有解不开的"疙瘩"。如果我们能深入体察对方的内心世界，或许能达成谅解。一般说来，只要不涉及原则性问题，都是可以谅解的。谅解是一种爱护，一种体贴，一种宽容，一种理解。

古往今来，从孔子的"己所不欲，勿施于人"到《马太福音》的"你们愿意别人怎样待你，你们也要怎样待人"，不同地域、不同种族、不同宗教、不同文化的人们，却说着相同的话。

哈佛大学商学院院长陶海姆曾经说过："在我和一个人会面前，我不在意在他门外的走廊里来回走上两个小时。在这段时间里，我更愿意去想他将如何回答我的问题。这样的准备，让我很有自信地走进他的办公室。"

在生活或工作中，当你接触到一件事情时，先要多为他人着想，多用他人的观点去考虑事情，这样做将让你受益终生！

换位思维，赢得幸福人生

在生活中，我们经常会看到两个人为了一件事情争得面红耳赤，大有不分高低誓不罢休之势。在职场中，也是如此，双方为了一件小事非要分清谁是谁非，却因此耽误了工作，破坏了团队的工作氛围，搞僵了同事之间团结协作的工作关系。

其实，这完全没有必要。当有了不同的意见，要去倾听，听清楚、听明白对方想要表达的是什么，再站在对方的角度思考问题，随后再根据实际情况作出正确的决定。当别人急躁时，你不要着急，更不要急于发表自己的看法，这样只会让情况变得更糟糕。

除了生活、工作，就连婚姻也是如此。换位思考，不仅能让两个人心平气和，说不定还能改变两个人的相处模式。别以为婚姻离成功很远，其实婚姻幸福美满也能体现一个人或两个人的王牌思维模式。成功，不仅仅指事业，还包括生活中的方方面面。

比如：一对结婚很久的夫妻，每天油盐酱醋茶，天天面对，少了激情，少了浪漫，少了相互之间的体贴。这种平淡让人错以为自己不再爱对方，于是就把对爱的需求转嫁到别人身上，等走到了岔路口，才恍然大悟：自己想要的只是——蓦然回首，那人却在灯火阑珊处。

女人有了外遇，要和丈夫离婚。丈夫不同意，女人就整天吵闹，说两个人已经没有感情，为什么还要耽误彼此？无奈之下，丈夫只好答应妻子的要求。不过，他有一个条件，就是在离婚前见见妻子的男朋友。

妻子一口答应。

第二天，女人把男朋友约到家中。女人以为丈夫一见到男朋友，一定会怒气冲天，甚至暴揍他一顿。没想到，丈夫不仅没有，还很有风度地和男人握了握手。然后，丈夫对女人说，想和男朋友谈一谈，希望她能回避一下。

女人虽然有些担心，但还是听从了丈夫的建议。女人站在门外，心里七上八下的，生怕两个男人在屋内打起来。结果证明，她的担心完全是多余的。半个小时后，两个男人相安无事地走了出来。

送男朋友回家的路上，女人忍不住问："我丈夫和你说了些什么？是不是说我的坏话？"

男朋友听了，摇了摇头说："你太不了解你的丈夫了，就像我不了解你一样。"

女人连忙申辩："我怎么会不了解他，他木讷，缺少情趣，跟个女人一样，磨磨唧唧的，简直不像个男人。"

男朋友反问她："你既然这么了解他，就应该知道他跟我说了些什么。"

"说了些什么？"女人实在是太想知道丈夫说了些什么。

男朋友说："他说你心脏不好，不能发脾气。如果我们结婚了，叫我凡事顺着你；他说你胃不好，但又喜欢吃辣椒，叮嘱我劝你少吃一点辣椒。"

"就这些？"女人简直不敢相信自己的耳朵。

"嗯，都是关于照顾你的一些细节。"

听到这里，女人羞愧不已。没想到，丈夫不仅没有责怪自己的意思，还想让另一个人对自己好。细细想来，丈夫从结婚到现在，对自己无微不至。虽然生活缺少了一些激情，但丈夫的浪漫都表现在生活的细节中。比如：从来不会忘记自己的生日，每次生日都会准备一桌饭菜；从不会忘记在节日时，给双方父母送去礼品和祝福；大小事情，从来不让自己担心……跟丈夫在一起生活的这些年，自己一直保持着年轻的状态，别人都说，老公养的好，妻子才年轻。

她越想越难受，越想脑子里浮现的丈夫的优点越多。等送走男朋友，女人回家后，开始择菜做饭，并且删掉了和男朋友有关的信息，并让对方不要再打扰自己。

从那以后，女人再没有提起过离婚，丈夫没有问过一句"为什么选择留下来"。因为他们都明白，他们的生活平淡，但这才是最安心、最长远的幸福，他们要好好珍惜。

每个人都期盼能和生命中的另一半演绎一场轰轰烈烈的爱情，在漫长的生活中成为能读懂彼此的知己。但是，生活久了，你会发现，想象和现实存在一定的差距。

就像故事中的女人一样，厌烦了平淡，就想要激情。可是，激情总有散去时，一旦激情散去，那日子岂不是又回归到平淡中？有时候，我们不该对别人，或者对自己最亲的人寄托太多的期望，总想要求别人去为自己做事，体贴自己，照顾自己。这样的话，时间一久，对方不仅会觉得有巨大的心理压力，同时也会产生逆反心理。

试着从对方的角度想一想吧！从对方的角度出发，你就会发现，有些东西都是不值得的。一分理解，生活也就多了一分甜蜜。

同样的道理，在职场中，也需要这样，一个团队中，总是需要磨合期的。你不能一有问题就想着换团队，换环境，而是应该学会一些关于换位思考的方式和技巧。那要如何做呢？

首先，尊重。员工之间应该互相尊重，始终把对方和自己放在一个平等的位置，即便你的职位很高，也要把尊重别人放在首位。在工作中，当其他人因为一件事情和你发生冲突的时候，先要尊重他们说话的权利，让他们把话说完，真正听懂他们的意思，再做反馈。尊重他人，为人脉资源的建立奠定基础。

其次，协作。职场中，每个人都不是一座孤岛，每个人都要和其他人发生千丝万缕的联系。今天没有发生联系不代表明天不会，这个月没有发生联系不代表下个月不会。因此，作为一个高效的职场人士，需要用协作的心态对待其他人的请求和抱怨，帮助他们处理问题。通过与人协作逐渐增加人脉。

再次，服务。服务是每个人都要做的事情，当一个人因为某件事情找到你的时候，你要用服务的心态去对待他们，关心他们的需求，理解他们的真实目的，然后通过自己高质量的工作满足他们。通过服务，实现自己价值的增值，丰富人脉资源。

最后是分享。分享是最好的学习态度，也是最好的企业文化氛围。职场人士在工作当中不断地分享知识、分享经验、分享目标、分享一切值得分享的东西。通过分享，提升自己的价值。不仅如此，还要懂得赞赏他人。英国心理学家威廉姆斯说，当一个人被赞赏的时候，内心会受到极大的鼓励。因此，职场人士要学会赞赏别人，学会看到别人的长处，并能把自己的感受用具体的语言描述出来，让对方感受到你的真诚。

如果你能把换位思考带到工作或生活中，当作自身一种修养不断修炼，你就会慢慢发现人际关系不像以前那样僵化了，生活也变得更有活力了。

第十章

逆向思维——反其道而行之

聪明人都习惯用逆向思维

逆向思维又叫求异思维，反向思维，是指为实现某一创新或解决某一用常规思路难以解决的问题，而采用反向思维，树立新思想，创立新形象，寻求解决问题的方法。人们习惯于沿着事物发展的正方向去思考问题并寻求解决办法。当大家都朝着一个固定的思维方向思考问题时，而你却独自朝相反的方向思索，尤其是一些特殊问题，从结论往回推，倒过来思考，从求解回到已知条件，反过来想或许会使问题简单化。

如大家耳熟能详的"司马光砸缸"的例子：有人落水，常规的思维模式是"救人离水"。而司马光面对紧急险情，运用了逆向思维，果断地用石头把缸砸破，"让水离人"，救了小伙伴性命。在生活中，我们常能见到逆向思维，比如：T恤衫反穿、裤子有破洞，就成了时尚和前卫的代言；琵琶反弹，成了古典画卷最经典的造型；倒立成为不错的健身方式，它能有效加快血液循环……

逆向思维具有以下三个特点：

1. 普遍性

逆向思维形式上也有多种。性质上对立两极的转换，软与硬、高与低等；结构、位置上的互换、颠倒，上与下、左与右等；过程上的逆转，气态变液态或液态变气态、电转为磁或磁转为电等。不论哪种方式，只要从一个方面想到与之对立的另一方面，都是逆向思维。

2. 批判性

正向一般指常规的、常识的、公认的或习惯的想法与做法。逆向思维则是对正向思维的挑战，不过它能够克服思维定势，破除由经验和习惯造成僵化的认识模式。

3. 新颖性

逆向思维往往能够摆脱传统思维方式的束缚，给人以耳目一新的感觉。

有一个故事说，一位裁缝在吸烟时不小心将一条高档裙子烧了一个洞，致使其成为废品。这位裁缝为了挽回经济损失，凭借其高超的技艺，在裙子四周剪了许多洞，并精心饰以金边，然后，将其取名为"凤尾裙"。不但卖了个好价钱，还一传十、十传百，使不少女士上门求购，其生意十分红火。该裁缝这种思维方式确实值得称道。改变常态的思维轨迹，用新的观点、新的角度、新的方式处理问题，以求产生新的思想。

日本有一家专门生产圆珠笔芯的企业。这家企业生产的圆珠笔芯销路不是很好。有不少用户反映：笔芯里的"油"还剩下三分之一的时候，笔尖上的"圆珠"就坏掉了。

显然，笔尖上的"圆珠"质量有问题。为了解决这个问题，企业请来了一些专家，设了课题，务求攻克这一技术难关。这些专家研究了很久，还是没有解决。后来，在一次偶然的机会下，一个普通工人竟然解决了这个大难题。

其实，解决的办法极其简单，工人建议：把笔芯里的油减少一半。这样一来，等不到"圆珠"罢工，油就用完了。后来，企业采用了这个方法。果然，这个方法很有效。

在销售一段时间后，用户的反应就变了。他们从原本的不满，变成了认同，并且清楚证明了：只要还有油的话，笔芯就永远没有坏的时候。

从那以后，笔芯的销路一下子打开了。

工人的做法和专家的做法，最大的不同就在于：前者使用了逆向思维，给了大家一个出其不意的想法，而后者习惯于使用传统的思维模式，把精力集中在扬长避短上，也因此，这个问题研究了很久都没有解决。

在生活或工作中，如果你思考的是比较复杂的问题，又难以寻求合理的答案，那不妨倒过来想想。它有可能会使你产生曲径通幽、豁然开朗之感。换一种思维，就会从另外一个方面判断问题，从而把不利变为有利。换一种思维方式，把问题倒过来看，不仅能使你在做事情上找到峰回路转的契机，也能使你找到生活上的快乐。

著名学者何名申指出：当事物的发展趋势发生了方向颠倒的重大改变时，成就一个事业需要逆向思维，同样，完成一件事情，或者说要说服别人也需要这种思维方式。在实践中要解决问题，往往不是只有一个答案、一个途径和一个方法，"条条大路通罗马"。在新变革的挑战面前，我们切不可拘泥于已有的条条框框和过去的经验，必须使我们的成功经验和认识得到深化与发展。

因此，要想成为"王牌"，就必须懂得如何使用逆向思维。

1. 反转型逆向思维

一般人都习惯于顺向思维，这没有什么问题，但很可能会失去很多新的机会。如果我们能运用逆向思维，说不定就能迸发出全新的创意。就比如：市场上出售的无烟煎锅，将原有煎锅的热源由锅的下面安装到锅的上面，这是利用逆向思维，对结构进行反转型思考，发明新的途径；保健品"交大昂立一号"的成功之处在于，当所有的保健品都在宣传如何对身体有好处，如何能增加身体营养时，它却提出"清除体内垃圾"的保健新观念。

2. 转换型思维

转换型思维是，在遇到某个难题时，打破固有的观念，转换成另一种手段。我们耳熟能详的《司马光砸缸》的故事，实质上就是一个用转换型逆向思维法的例子。

3. 反用缺点思维

反用缺点思维法，就是将缺点化弊为利，解决问题的一种方法。将缺点变为可利用的东西，化被动为主动。究其根本，说的也是一种心态转变，以及经验的总结。比如：当你的一个计划失败了，那就总结教训，在下一次做计划时避免这种错误，从而做出一个成熟的计划。

逆向思维，遇怒先不怒

当你面对一个难题却不得其解时，灵活地调整一下思维的方向，从不同角度展开思考，甚至把事情整个反过来想一下，那么就有可能反中求胜，圆满解决问题。

比如：遇怒先不怒。

愤怒是一种情绪状态，按照强度不同可分为轻微的愤怒、强烈的愤怒，甚至暴怒。和其他情绪一样，愤怒也会伴随生理上的变化：当你感到生气时，心率和血压会上升，同时能量激素、肾上腺激素、甲状腺激素的水平都会升高。

引起愤怒的原因很多，每个人都不可避免地会产生愤怒的情绪体验。愤怒是一种有害的情绪状态，常常会给人带来意想不到的麻烦，如同学关系疏远、师生关系紧张等。而且长期的、持续的愤怒对个体的健康损害也是极大的。

在发怒的时候，要学会转移自己的怒气，数数或者暗示自己平静下来，都是好办法。当然，保持良好心态，让自己别轻易发怒也是好办法。

愤怒容易让人失去理智。愤怒的人把一点小事看得像天一样大，过于认真让他们夸大了自身受到的伤害。他们以为愤怒可以让自己在别人眼中更具有权力，其实不是这样的。他们不仅不会因为愤怒而被认为拥有权力，反而会被认为缺乏理智，难成大气候。怒气会让你失去别人对你的敬意，人们会认为你缺乏自制力而更加轻视你。

在我们的眼中到处充满了忙碌而又重复的事情，面对毫无变化的生存和工作环境，人难免烦躁，脾气随之变坏。然而，一次、两次的爆发后，如果你还不加以克制，那么演变下来，就会养成暴躁的习惯。我们并非生活在真空中，因而人生总会有阻力、有逆境，如果遇到不如意的事情就如爆竹一样炸裂，那么恐怕不仅仅会使身体受伤，还会毁了前程。

1943年，"二战"著名将领巴顿在去战后医院探访时，发现一名士兵蹲在帐篷附近的一个箱子上，显然没有受伤。巴顿问他为什么住院，他回答说："我觉得受不了了。"医生解释说他得了急躁型中度精神病，这是第三次住院了。

巴顿听罢大怒，多少天积累起来的火气一下子发泄出来，他痛骂了那个士兵，用手套打士兵的脸，并大吼道："我绝不允许这样的胆小鬼躲藏在这里，他的行为已经损坏了我们的声誉！"

第二次来，巴顿又见一名未受伤的士兵住在医院里，顿时变脸，问："什么病？"士兵哆嗦着答道："我有精神病，能听到炮弹飞过，但听不到它爆炸（炸弹休克症）。"

巴顿勃然大怒，骂道："你个胆小鬼！"接着打他耳光："你是集团军的耻辱，你要马上回去参加战斗，但这太便宜你了，你应该被枪毙。"说着抽出手枪在他眼前晃动……

很快，巴顿的行为传到艾森豪威尔耳中，他说："看来巴顿已经达到顶峰了……"

狂躁易怒的性格，使本来很有前途的巴顿无法再进一步，面对有心理障碍的士兵，不是认真了解情况，给予安慰和鼓励，而是大声斥责甚至拔枪威胁，完全失去了一个指挥官应有的风度修养，破坏了自己在军队的形象，因此失去了攀上顶峰的机会。遗憾之余，让人想起了一句话：性格决定命运。一个人的弱点总是在发脾气的过程中暴露无遗，它往往成为崩溃的前兆。谋略和战斗力也会在愤怒的情绪中消散，所以永远保持客观与冷静的态度至关重要。

任何时候我们都需要保持一个平和的心态，在心情激动之时，应停止身体的动作，静坐下来，降低音调，自然而然心情就会逐渐稳定。假如感情如平波静水一般，那么火气就可以消失，这样不但节省精力，还可预防疲倦，进而使你动作急缓有序，成为一个有涵养的人。当心中充满焦虑紧张，不知所措时，最好的办法就是停止一切活动，适时地放松自己。比如，我们可以安坐一旁，舒缓心灵，想想曾经欣赏过的高山峻岭、夕阳中的峡谷、鲤鱼跳跃的河流、月光倒映的水面……咀嚼再咀嚼，心就会舒坦地沉醉其中了。生活很美好，人生很短暂，享受生活尚且来不及，哪有时间用来发怒呢？

我们常常会因为一些事情陷入愤怒之中，愤怒是人没有控制的冲动，具有很大的破坏力，同时对人的健康也有很强的杀伤力。人在愤怒时，会失去正确的判断力，理解力也会下降，容易做出一些无法挽回的错事。所以，赶快收敛你的愤怒，化戾气为祥和，这样，你才能让愤怒的火山在即将喷涌的那一刻熄灭，转化为一种平和的力量，在生命里盛开宁静的百合花。

逆向思维可以"曲径通幽"

人们解决问题时，习惯于按照常规的思维方式去思考，即采用正向思维，从而找到解决问题的方法，得到令人满意的效果。然而，对某些问题来说，运用正向思维却不容易找到正确答案，而使用逆向思维的方式反而会获得意想不到的效果。

比如生活中最常见的洗衣机，不管是半自动的，还是全自动的，里面都有一个脱水缸。它的转轴是灵活的，只要你用手轻轻一推，脱水缸就会东倒西歪的，像是一个不倒翁一样。可当你按下脱水按钮时，脱水缸会立即以最快的速度旋转着。结果怎么样呢？它运转得非常平稳。

最初设计的时候，为了解决脱水缸的颤抖和噪声问题，工程技术人员想了许多办法，先加粗转轴，失败了。然后又加了硬转轴，还是失败了。最后，工程技术人员来了个逆向思维，放弃硬的转轴，选择了软的转轴，成功地解决了颤抖和噪声两大问题，这是一个由逆向思维而诞生奇迹的典型例子。

反向性是逆向思维的首要特征，是一种反其道而行的思考方式。在生活或工作中，当遇到难题时，不妨转变一下思维，看是否能让问题的答案变得明朗起来。

在20世纪60年代中期，福特一个分公司的副总经理艾科卡正在苦恼不已，他不知道怎么改善公司的业绩。经过一番思索和研究，他决定推出一款能引起大众广泛兴趣的新型小汽车。在调查了市场，得知了一些调查对象的想法后，他就开始绘制战略蓝图了。

艾科卡从顾客着手，用逆向思维的模式往回推：顾客买车首先会做的是试车。要让潜在的顾客试车，就必须把车放进汽车交易商的展室中。那么，吸引交易商的办法是对新车进行大规模的推广，从而使交易商对新车型有着高涨的情绪。他必须在营销活动开始前做好小汽车，送进交易商的展车室。为达到这一目的，他需要得到公司市场营销和生产部门百分之百的支持。同时，他也意识到生产汽车模型所需的厂商、人力、设备及原材料都得由公司的高级行政人员来决定。

艾科卡一个不漏地确定了为达到目标必须征求同意的人员名单后，就将整个过程倒过来，从头向前推进。几个月后，艾科卡的新型车——野马，从流水线上生产出来了，并在60年代风行一时。它的成功也使艾科卡在福特公司一跃成为整个小汽车和卡车集团的副总裁。

有时，按照常理，"循规蹈矩"地营销，往往成效甚微，甚至蚀了老本。倘若打破常规，逆向思维，独辟蹊径，想人之所未想，为人之所未为，很可能会出奇制胜。

美国有一种番茄酱，跟同类产品比起来，浓度太高，特别稠，很多家庭主妇在使用时总觉得不方便，市场前景不被看好。起初，经销公司想重新研制配方，降低浓度，重新生产，但又觉得十分困难，风险又大。于是，他们认为，产品的缺点，其实正是它的优点。因为浓度高，说明番茄酱的成分多，水分少，营养更加丰富，味道更加纯正。于是，他们加大宣传力度，使这种观点家喻户晓。很快，其市场占有率跃居同类产品榜首。

在创业的路上，很多人冥思苦想，常常苦于生意难做、企业难办。如果能突破常规思维的樊篱，有意识地运用与传统思维和习质不同的逆向思维方法，"反弹琵琶"往往会"曲径通幽"，取得意想不到的效果。

逆向思维首先要确定或设定一个可以达到的目标，然后把目标倒过来往回想，直至你现在所处的位置，弄清楚一路上要跨越哪些关口或障碍、是谁把守着这些关口。一般的营销理论都是从企业—渠道—市场来思考营销，这没有错，在市场调查的基础上，应用科学的分析，再做市场，但这容易被其现象迷惑，被其他现象所左右。而采用逆向思维的方式，可直接从市场出发，回到渠道，再回到企业来。目标市场是人们的第一目标，人们就能看得透，清晰连贯，不会被其现象所左右。

逆市场而动，理性而有智慧的商家往往能在逆向思维中赚钱。因为当一种观点被多数市场参与者接受后，它常常会走向极端，弱点会被掩盖，错误的可能性就会增加。理性的商家应该学会剥离事物的假象，反璞归真。

成为一个成功的逆向经营者并不容易。逆向操作要求商家保持自我、独立思考，必须以真实客观的信息为基础，抛开固有的印象和陈旧的信息，深入市场调查认证，提高判断事物的准确性和预见性，防止因片面宣传和信息的诱导进行而误判。而且，如果运用逆向思维方法看市场，对市场时机的把握精度不够，就会发生较大的偏差，而这种偏差有可能导致商家走进死胡同，盲目地逆向投资经营隐藏着风险。

创造财富，虽然是一件很不容易的事情，但只要具有创新思维，经营得法，即使处于"绝境"，也是可以求得"生机"。关键要看经营者是否有洞察市场的"眼力"，能在瞬息万变的市场中，发现市场的缝隙，捕捉到商机；要看出手是否灵敏，能先人一步，抢占市场的先机；要看是否有胆识，敢于充当第一个"吃螃蟹"的人，有一种勇于承担风险的魅力。如此，才能在风云变幻的市场中,把握机遇,赢得一席之地,创造和积累财富。

出其不意方能出奇制胜

"凡战者,以正合,以奇胜""故善出奇者,无穷如天地,不竭如江河"。意思是说,但凡打仗,一般都是用奇兵抗敌,用奇兵取胜。

善于出奇制胜的领导者,独具慧眼,能在激烈的市场竞争中,先知先行,为同行之所未想,为对手之所不能,出奇无穷,使经济实力蒸蒸日上。相反,如果你人云亦云,跟随所谓的"潮流",满足于一般经营,对市场机遇熟视无睹,那势必会被市场淘汰。

1937年,美国人卡迩逊发明了静电印布术之后,纽约州一个哈雷相纸小公司看准了这项发明,认为它有着不可估量的前途,它能抛弃刻写蜡纸和油墨污手的落后办公作业,大大提高办公效率。

后来,这家公司投资了500万美元,研制复印机。在当时,因资金关系这家公司曾经想找另一家大公司合作,一起研制复印机。遗憾的是,这家大公司认为这种机器不会有市场,就没有答应合作。

没办法,哈雷公司只能自己承担一切风险坚持研制,并在10年后研制成功。被投入市场的第一台机器,是一种普通的自动化施乐914型复印机。

为了让机型更小巧,复印速度更快,复印成本更低,哈雷公司不断改进原机,不断推出技术先进的复印机,终于在市场上占得一席之地。

看准市场,就付诸行动的哈雷公司,从20世纪60年代起开始盈利,财源滚滚涌来。到1984年,哈雷公司的复印机市场的销售额增至240亿美元,成为一家大型跨国公司。

哈雷公司的经营理念，就是尽可能快地将科学技术转化为生产力，在市场上开辟新的天地，捕捉市场机遇。在捕捉市场机遇的过程中，虽然碰到了一些问题，但这丝毫无法阻挡它的脚步。在外人看来，也许这是一个愚蠢的决定，因为没有人看好这个项目。可反过来一想，不正是说明，市场上没有这种东西，且这种东西有很大的潜力吗？

如果你也正经历着一些难题，或者坎坷，那不如用逆向思维想一想，说不定就可以使你茅塞顿开，获得意外的成功。

逆向思维是一种求异思维，常被称为颠倒原则的运用。人们常常由于思维定势的羁绊，习惯于顺向思维，往往压抑了自己的聪明才智。如果从反方向来思考问题设想方案，说不定能增强思维能力的创新，达到期望的目标值。

在生活中，人们习惯于沿着事物发展的方向去思考问题，并寻求解决问题的办法。其实，对于一些问题或一些特殊问题，我们可以颠倒一下思维，倒过来思考，从问题的结果倒回到已知的一些条件，说不定能让问题更简单一点，甚至有可能，发现另外一个解决问题的方法，从而发现奇迹。这就是逆向思维的魅力。就比如说：有四个相同的瓶子，怎样摆放才能使其中任意的两个瓶口距离相等呢？其实很简单，只要把三个瓶子放在正三角形的顶点，将第四个瓶子倒过来放在三角形的中心位置，答案就出来了。把第四个瓶子倒过来，是多么形象的逆向思维啊！

在日常生活中，有许多通过逆向思维取得成功的例子。

一位富豪向华尔街的银行贷款5000美元，借期2周，并用他的劳斯莱斯作为抵押。银行将他的名车停入地下车库，然后发放了这笔贷款。

2周以后，富豪如约归还了5000美元，并支付了15美元的利息。银行职员知道富豪的账上有几千万美元，可他为什么要贷款呢？

富豪回答：15美元2周的停车费，在华尔街是永远找不到的。

看到这里，相信会有不少人拍案称奇。按照一般人的思维，就会想：一个拥有几千万美元的富豪,是不会在意几十美元或几百美元的停车费的。可是,你有没有想过,富豪之所以能成为富豪,不仅是因为他的聪明才智和吃苦耐劳的精神,还有出其不意的思维方式。每个人都爱钱,每个人也知道钱不是大风刮来的。正是因为这样,才更要珍惜自己努力得来的金钱。既然有个方法,能让自己省一些钱,那为什么不使用这种方法呢?

故事中的富豪,不仅省了停车费,还为自己的豪车无形中买了保险,这才能称之为一个聪明人,一个生意人啊。我们不妨学习一下富豪的"出其不意",让自己用最少的投入得到最多的回报。

实践告诉人们:唯思路常新才有出路。墨守成规、邯郸学步、亦步亦趋的经营思维在今天已难以取得商战的胜利了。成功的喜悦总是属于那些不落俗套、富于创意、勇于实践的人们。

第十一章

多元思维
——启迪创意思维，开启智慧之门

让人受用一生的多元思维模式

多元思维，也称立体思维、全方位思维、整体思维、空间思维或多维型思维，是指跳出点、线、面的限制，从全方位去思考问题的思维方式，形象说来也就是要"立起来思考"。

一般来说，人们在面对问题时，作为表现思维出发点或中心的思维过程，就是点的思维。点的思维又叫零维思维，秉持这种思维的人，容易将思维固着于某个观点或某个对象上面，不会将该点与其他相关的点联系起来，具有凝固、僵化的特性，因而往往一叶障目不见泰山，在思想上表现出难以想象的主观性与片面性。

线性思维，也叫一维思维，是点的思维的延伸或扩展，表现为单纯的纵向的思维方式，它有长度但无宽度，具有单一性和定向性的特征。秉持这种思维方式的人喜欢进行历史模拟，单向性的回忆，注意传统的延续性，经验的有效性。不善于接受外来的事物，在实际工作中，讲话、行文常常引经据典，套话连篇，唯恐别人说自己不正统，而又特别喜欢质疑别人。

平面思维，又叫二维思维，是线性思维向着纵横两个方向扩张而形成的思维。当思维定向以后，中心确定以后，它就要从几个方面去分析说明这个问题。当这些点并不构成空间，而是处于同一平面不同方位的时候，思维就进入了平面思维。平面思维，可以从不同的方面去说明思维的中心，可以相对地达到认识某一方面的全面性，但它仍然是囿于某个平面中的全面，并不是反映对象整体性的全面，因而这种全面相对于立体思维来说，仍然是不全面的。

立体思维，也叫三维思维，它是纵横统一，多元思考，全方位反映思维整体的思维方式。这种思维从思维对象的本来面目出发,努力反映思维对象的外在全貌,从而研究认识对象的各个方面及各个方面上的各个点,因而可以极大地克服思想上的片面性。

诸如,在生活中我们看到一个行业的精英人物,我们不会在意其出生在什么地方,家庭环境如何,人们看到的只是他如何成功的过程、结果,从而将其部分经历当作自己的人生指南。纵观那些成功人物,他们成功的经历大多都是相似的,他们有着明确的大目标,有着切实可行的小目标,更有着脚踏实地的品质。而那些离成功还有一段距离的人,总是认为自己没有方向,或是觉得前方的道路一片泥泞,甚至迷茫。别人有条不紊地向前迈进,而自己却像无头苍蝇一样,撞到哪儿是哪儿。这种感觉,简直就是一种煎熬。

对很多人来说,改变自我,运用多元思维设定自己的人生,那样才能燃起对生活的热情,才能让人生有更多的可能。

乔治·西屋是美国杰出的发明家和企业家。在他的一生中,总共获得了361项专利,被人们誉为"发明奇才"。

1846年,乔治出生于美国纽约州史哈利山谷的一个小镇。他的父亲开了一家机器工厂,或许是从小耳濡目染,乔治对父亲工厂里的机器有着浓厚的兴趣。

12岁那年,他想去机器工厂当一名普通工人,但被父亲拒绝了。在他的坚持下,父亲终于同意了。

为了看他是不是真的能坚持,在一个炎热的下午,父亲让他独自一人切割一批铁管子。开始,乔治用手锯锯铁管,又慢又累。乔治想:用什么办法才能在规定的时间内完成任务呢?突然,巨大的蒸汽机吸引了乔治的视线。

他想如果把锯固定在蒸汽机上,造一个机械锯。这样的话,一根铁管子几秒钟就能锯好了。接下来,乔治阅读了很多相关书籍,发现蒸汽机都是由密封汽缸里的活塞上下移动来带动皮带把力送到机械上的,既笨重效能又很差。乔治就想,如果把往复式引擎改成旋转式的,岂不是节省了材料,又增强了效力。经过几年的反复试验,15岁的乔治终于获得了成功,还获得了回旋机的专利证书。从此，他便燃起了对发明创造的热情。

1865年，乔治退役，坐火车回家。没想到，火车竟然出轨，车上的人被撞得东倒西歪，情况惨不忍睹。当时，乔治的脑子里就萌发出一个奇妙的想法：研制一种防止火车出轨的机器。

当他把自己的想法告诉亲友时，亲友们都认为这是在异想天开。不过，乔治并没有放弃，而是博览群书，经过反复探索，终于设计出了一款"火车出轨还原器"。后来，他运用压缩空气的原理，发明了空气制动器，彻底解决了火车刹车的问题。

这次的成功，让他更坚定了做一个发明家的目标。他想要改善人类的生活水平，为人类谋福利。

再后来，他根据生活中的需要，不断创造发明新产品。比如：他设计的电气机车，改善了交通；他把交流电用于日常生活，对人类的电气化做出了巨大贡献；他开发了天然气，让人们的生活得到了很大的便利；他对尼亚加拉瀑布电力的成功开发，使尼亚加拉城在短短几年内就走向繁荣。

在乔治的身上，能看到他的明确目标和朝着方向前进的努力。他的成功，不是一朝一夕，而是一点一滴积累而来。这就像锻炼身体一样，需要循序渐进，需要坚持，这才能锻炼出你想要的腹肌、肱二头肌，有一个健康的、年轻的身体。

有人曾经说过：成就伟大的机会并不像急流般的尼亚加拉瀑布那样倾泻而下，而是缓慢的一点一滴。

2011年，G家电连锁公司总经理陈亮提出了一个大胆的计划——"三年超苏宁，五年超国美"。

计划下达后，华北地区兼北京地区分公司总经理李大奎不仅按部就班，还针对这项计划制订了北京地区运营部2011年的工作计划：单店销售额从原来的25%增加到75%，单店利润率从原来的15%增加到30%，单店市场占有率从原来的3%增加到35%。

在他看来，要想提高市场占有率就必须保证销售额和单店利润。当他请分店的各位经理根据各个分店的实际情况，总结2011年每个分店能够实现的单店销售额、单店利润率、单店市场占有率时，分店经理们都沉默了。

面对这样的情景，李大奎十分生气，他声称：大家必须完成集团给我们的任务，这是命令！此时，一个分店经理十分冷静地说："2010年，我们分店边上增加了好几个竞争者，促销力度也比我们大，实力比我们强，更致命的是，商品价格比我们要低。所以，2011年的销售额不会增加3倍。"

他刚说完，其他分店的经理也纷纷表达了自己的看法，像这种不切实际的目标，根本不可能实现！制定目标，一定要从自身出发啊。

看众人持反对意见，李大奎依旧坚持自己的意见。

到了年底，他们果然没有完成计划。

领导想要增长公司的业绩，可以理解，但一定要根据企业的自身情况，制订一个切合实际的目标，而不能靠着想象，想得到一个什么结果，就得到一个什么结果。

领导者制订的目标不合理或不切合实际，那企业也不会走得长远。运用多元思维制订切合实际的业绩目标，不仅体现了一个领导者的管理水平，也是决定一家企业能否做强做大的标准之一。

镇定自若，保持立场

俄罗斯总统普京是一头蛰伏的猛兽，拥有强而有力的拳头。虽然他是世界上最有权势的人之一，但他从不放任自己的情绪，懂得为了抓到猎物何时该出击，何时该忍耐。

他说过：没有实力的愤怒毫无意义。

| 思维简史

2005年初，美国总统布什与普京进行了会晤。在会晤前，布什就公开指责俄罗斯"民主倒退"，会晤期间又"强行"给普京上了一节民主课，"毫不吝啬"地表明了自己的观点，说"民主将是前苏联加盟共和国的发展趋势""要把'民主'带到摩尔多瓦、白俄罗斯等俄周边国家"。他的气势逼人、飞扬跋扈，丝毫没有把普京放在眼里的意思。

当其他人快要按捺不住时，普京仍然镇定自若，含蓄地表明了自己的立场，其维护美俄关系之意溢于言表。从表面看，是布什在言语上占了上风，可在普京看来，这是一种策略。

普京曾经说："我们最好一起生活在一个祥和的世界里，而不是灾难性的世界里。"这就是普京的理性思维，绝不以自己的好恶为主，更不以自己的痛快与否来决定什么。

自上台以后，普京就带领着俄罗斯收起了鹰一般的利爪，在许多有争议的问题上实行"战略收缩"，一再忍让，尽量向西方国家示好。美国在格鲁吉亚搞"天鹅绒革命"，普京忍了；美国在乌克兰搞"橙色革命"，普京也忍了；面对布什当面的批评，普京还是忍了……用他的话来说："这样做的目的，就是保持大国间的战略平衡，争取经济、技术和贸易方面的好处，赢得共同发展的空间。"

原来，这就是一直以硬汉形象示人的普京，为什么选择"忍"的原因。以普京的强硬性格，能做到能屈能伸，实在是难能可贵！看起来，"忍"是一种退步，实际上是一种变相的争取。普京的能屈能伸，不仅为自己摆脱了没有原则的纠缠，还为自己赢得了下一次胜利的机会。在处理国家大事时，普京非常懂得容忍与克制，从不轻易放纵自己的情绪，正因如此，他才能带领俄罗斯走向复兴。而这，也验证了普京那句"没有实力的愤怒毫无意义"。

无论在工作上或生活中，我们都应该像普京一样，多一些理性，少一些冲动，要懂得克制自己的情绪，多用理性思维去对待一切。而不是凭脑子发热，逞一时之能，想怎么样就怎么样，其结果只能把事情弄得一团糟，将自己置身于"成事不足，败事有余"的境地。

某天，歌德到公园里去散步，碰巧遇到一个言辞犀利的批评家。一直以来，批评家对歌德的作品很不以为然，没有看在眼里。正当歌德想要转身离开时，批评家赶紧走在他前面，想给他一个下马威。

批评家站在歌德面前，神气地说了一句："我从来不给傻子让路！"看着批评家咄咄逼人的气势，歌德微微一笑，给对方让开了一条路，说："而我正相反！"

听到这话，批评家陷入了搬起石头砸自己脚的尴尬。

从某种意义上说，歌德的幽默避免了一场无谓的争吵，显示出自己的心胸和气量，又"温柔地教训"了那个自以为是的批评家。我们都知道：只有硕果累累的麦穗才懂得低头，而那些还未硕果累累的麦穗才会将头昂向天空。正是因为越王勾践肯低头，懂得卧薪尝胆，才能战胜吴国，成就一番霸业；淮阴侯韩信懂得低头，忍胯下之辱，终登台拜将，完成所愿；刘备肯低头，三顾茅庐，终建立蜀汉政权，西川繁盛……可见，低头不是认输，而是为下一次抬头做准备，更是一个人，甚至是国家走向成熟的标志。相信经过此番教训，批评家会懂得低头吧！

一个人越想受到尊重，就越要克制自己的言行举止。克制对我们来说，不是束缚的锁链，而是强韧的护身铠甲。这就好比普京上任之后，面临着一系列严峻的考验，但是他却能指挥沉着、布局有力而又不露锋芒。

综所上述，"没有实力的愤怒毫无意义"不仅是懂得忍，还需要积极转变思维，运用智慧的力量，用一种全新的办法，改进自己的不足和缺陷，从而取得最好的效果。

懂得蜕变,"铁玫瑰"也能绽放

如果要问华尔街职位最高的女人是谁?那非花旗集团首席财务官兼执行总裁克劳切特莫属。别看她现在风光无限,在风光的背后,她也曾遭遇不少难题,比如质疑、非议和否定。正是这些遭遇让克劳切特越来越坚强,从而变成华尔街的一支"铁玫瑰"。

对于她的童年,克劳切特是这样形容的:

"从小,我是一个长着满脸雀斑的女孩。背带裤、矫正鞋、戴眼镜就是我的标配。我成绩一般,手脚笨拙,是同学们取笑的对象。即便是我咳嗽一声,打个喷嚏,都能引来一声嘲笑。在我的记忆中,有许多令人心碎的回忆。"

"入选球队时,我虽然不是最后一个,但一定会是倒数第二个。有一天,轮到我踢球了,就在我兴奋地跑着的时候,眼镜却不争气地掉了,我不得不回头去找。为此,同学们都笑我是个笨蛋,是个傻瓜……"

在很长的一段时间里,克劳切特都封闭在自己的小世界里,她不敢说话,不敢微笑,就连生气都憋在心里。

知道了她的一些遭遇后,母亲给了她一些教导和安慰。母亲对她说:"不要在意同学们的取笑,她们跟你唱反调,取笑你,不过是因为你太努力,跟她们不一样而已。你要做的就是继续努力,让她们不好意思取笑你。亲爱的,不用在意别人的眼光。"

母亲的鼓励对克劳切特起了非常大的作用,她开始变得自信,变得比以前努力多了,成绩也进步得飞快。

离开学校之后,克劳切特就像脱胎换骨一样。

1994年,她下定决心做一名研究分析师。于是,她向华尔街上所有的公司投出了简历,但没有一家公司愿意录用她。

克劳切特回忆说:"美邦拒绝了我两次。或许是因为他们不确定有没有发出邮件,为了确保我能收到拒绝信,所以发了两次。看到邮件后,我也明白了,我是不会被录用了。那段时间,我的情绪非常低落,认为自己很差劲,很差劲。一想到这里,我立马打消念头,我怎么能这样想自己呢!很快,我就重新燃起了信心。这一次,我也明白了一个道理,那就是如果想要成功,你就要坦然面对别人的否定。"

后来,克劳切特怎么样了?就像文章开头提到的那样,她成了华尔街的"铁玫瑰"。那些嘲笑过她的小伙伴看到她今天的样子,一定会难以置信吧。在生活中,我们或多或少地会遇到像克劳切特这样的烦恼。当你做了什么事情没做好时,总会有人嘲笑你,甚至落井下石;当你完成了一件事情,并表现出自己的出色时,总会有人质疑是不是有人帮助了你或者你有没有后台……

这些都不重要!结果才最重要,学会才重要,做好才最重要,成长才最重要。这就好比龟兔赛跑一样,你就是那只缓慢的乌龟。一开始,兔子是跑得不错的,可是因为它的不专心以及对乌龟的轻视,认为即便自己睡上一觉,乌龟也不会跑得比自己快。

结果呢,跑得极慢的乌龟第一个到了终点,成为了冠军。这个结果让不少人愕然,但又觉得乌龟的成功在情理之中。

很多人做事就像兔子一样,总是会因为外界的干扰或自身的自大骄傲忘了最初的目的。要知道,一个没有结果的付出是白费力气!试想一下:你耗费了足够多的时间和精力看一些考试资料,可考卷上的考题,没有一道是自己复习过的;你几天不眠不休,就是为了做好一个策划案,可没想到老板看都没看一眼,就说这个交给别人做了;你又是出钱又是出力,只想帮朋友办成一件事,可事没办成……

没关系，你应该这样想：遭遇了什么不重要，重要的是，你学会了如何不做无用功。比如：多与人交流，认真听老师的考前辅导，这样不至于白费力气；重要的是，你学会了在自己的能力范围内帮助别人，并告诉别人"我只能说会尽力，至于能不能办成，我不能保证"；重要的是，你比较看重结果，不再去纠结"我付出了那么多"，而只在意自己"有没有做好""有没有做对"；重要的是，你变得越来越成熟，不再为自己去找寻各种借口。

我们都知道，鹰是世界上寿命最长的鸟类，可以活到70岁。为了不让自己的身体变得笨重，不让羽毛变得厚重，它们必须遭遇一次"生死考验"：要么等死，要么蜕变。它必须要用喙击打岩石，直到其完全脱落，然后用新长出的喙把老化的趾甲一根根拔掉。当新的趾甲长出来后，还要用爪子把身上的羽毛一根根拔掉，以便于新的羽毛长出来，再次在天空中翱翔⋯⋯

为了能再一次翱翔，鹰竟然对自己这么残忍，哪怕全身鲜血淋漓。

蜕变是一个极其痛苦的过程，是我们难以想象的！但即便这样，我们也要有蜕变的勇气和决心，这样才能站在"王者"的位置上，俯视世界。

做丈量的一杆标尺

美国企业家 S.M·沃尔森说：一个成功的决策，等于 90% 的信息加上 10% 的直觉。管理大师彼得·德鲁克说：你不能衡量它，就不能管理它。通俗来说，一个企业必须有一杆标尺，用以衡量、决策，从而让企业有博弈的条件。在华为，毫无疑问，任正非就是那杆标尺。

任正非曾说："水和空气是世界上最温柔的东西。同样是温柔的东西，火箭是空气推动的，火箭燃烧后的高速气体，通过一个叫拉法尔喷管的小孔，扩散出来气流，产生巨大的推力，可以把人类推向宇宙。像水，一旦在高压下从一个小孔中喷出来，就可以用于切割钢板。可见，力出一孔，其威力之大。15万人如果在一个孔里去努力，那大家的利益都在这个孔里去获取。如果华为能坚持'力出一孔，利出一孔'，那下一个倒下的就不会是华为。"

从任正非身上，不难看出企业家精神，更能看到一个没有资源、没有背景，有过从军经历的人身上所具备的忧患意识。他时常给华为人灌输一种危机感：要么做领先者，要么被淘汰。

正是如此，华为才保持了旺盛的生命力。

任正非不仅低调还好学，会汲取他人的思想精华为己用。受中国人民大学彭剑峰等教授的启发，任正非意识到企业所面临的危机，并委托几位教授帮华为总结经验，建立一套管理体系。

1997年3月27日，《华为基本法》制定完成。其目的就是要通过制度制约、提醒、激励员工，保证企业的稳定运行和发展。其在企业宗旨、经营政策、组织政策、人力资源、控制政策等方面，有详细的说明。

所谓"没有规矩，不成方圆"。有了"规矩"，华为在加入世界市场进行博弈时，才会拥有有利的条件。比如：

1. 成本控制

管理大师彼得·德鲁克曾说："企业家就是做两件事，一是营销，二是削减成本，其他都可以不做。"当企业发展到一定规模时，难免会面临经济难题，如经济效益下降、竞争力下滑。就连近些年一直在茁壮成长的华为，也曾为经济问题苦恼不已。

华为初期，华为人喜欢追求销售额的增长速度，不注重成本。在当时，虽然公司收入呈现100%的增长速度，但管理费用、销售费用同样以100%的速度攀升，利润少得可怜。

仅1999年7月，华为一个月的办公费、电话费、差旅费、应酬费等就高达1500万元。终于，华为陷入了"增产不增收"的困境。这一问题，关键在于控制"成本"。2002年，任正非在公司内部推行低成本运作。如：许多部门的墙上都贴着"下班之前过五关"的漫画，提醒员工下班时千万要关灯、关电脑、关门窗等。

其实，在推行低成本运作前，任正非就对"成本"的高低有了意识。

早在1996年3月，为了和南斯拉夫洽谈合资项目，任正非定下了贝尔格莱德的香格里拉的一间总统套房，费用高达2000美元/天！当然，这个总统套房不是为了摆阔，也不是为了住着舒服，而是够宽敞，够自己和10多个华为人打地铺……

1997年的某个周末，任正非和同事们去巴西公干，顺便进行了一趟巴西亚马逊热带雨林自费游。出发前，大家在当地的商店挑选舒适的鞋。商店里有3种价格的鞋：35雷亚尔（巴西货币）/双、45雷亚尔/双和55雷亚尔/双。因为有补助，大家都选择了55雷亚尔/双，而任正非选择了35雷亚尔/双的。看到大家的疑惑，任正非说："我和你们长驻人员不一样，我的鞋穿一次就扔掉了，不用买那么好的。"然而，等自费游结束返回驻地后，有同事发现任正非正在用刷子刷洗鞋子，回国时还带走了。

2. 从小做起！一切按制度说话

在华为，任正非提倡员工一定要从小处着手，一点一点进步，把小事情做好，而不只是关注大问题。他主张"小改进大奖励，大建议只鼓励"的原则，一旦工作有一点小小的改进，就会得到赞扬和鼓励。

有一次，任正非到公司上班，忘了带工作牌，门卫不让他进。他跟门卫说了很多好话，门卫还是不让他进。也许会有人说门卫太死心眼，可任正非不这样看，他认为这是门卫对工作的认真负责。事后，他还特别褒奖了门卫。

任正非在内部会议上说："我们要的是变革而不是革命，我们的变革是退一步进两步。"

他还认为，对于员工来说，领导交给他一件事，他能干好一件事就好，不需要去延伸出十件事来。多余的创新就是在制造垃圾，是能力不足的表现。只有做好本职工作，一层一层夯实，才能让华为"稳坐调头船"。

3.取人所长，洋为中用

在我国，大多数奉行中庸之道，待人接物不偏不倚。也因此，很多领导成为了中庸的人，让企业成为了中庸的企业，不懂变通，直接限制了企业的发展。而美国却与之相反，如戴尔。

戴尔公司把所有的交易数据都放在网上，每天可以与一万多名客户直接对话，以便于了解到客户的诉求；戴尔与供应商的电脑间的直接连接，方便了信息的传递和准确性，节省了时间、精力，避免了人为操作会出现的一些问题。信息资源共享，不仅满足了客户的个性化需要，也缩小了信息滞后所造成的损失。

汲取经验后，任正非比照戴尔的服务模式，建立了华为电子化客户服务流程系统。2002年，华为ERP系统、ISC系统等全面通过网络支持，来完成内部包括生产、财务、销售等管理以及与合作伙伴的协作。

这一管理模式，为华为的工作开展极大地提高了效率。

4.西方式人才管理：能力和潜力优先

中国素以"经验"为上，经验多，年龄大，有资历，拿的薪水高，职位也就高，这种"论资排辈"即便是放在今天，也是企业津津乐道的"招聘原则"。而华为却不一样，它更注重的是员工的整体素质和发展潜力。

任正非曾说："一个有创造性的人才可以为公司带来更多的客户。"在高科技产业中，人才有着举足轻重的地位，正是招聘人才时的不拘小节，才为华为的崛起提供了源源不断的新鲜能源。

5."鲶鱼"效应，再次激活华为

鲶鱼在搅动鱼群的生存环境时，也激活了鱼群的求生能力。鲶鱼效应是刺激企业活跃起来，积极投入到市场竞争中的一种手段或措施。

如果一个团队长时间处于休闲舒适的环境中，没有竞争，没有压力，那人自然而然就会产生惰性，失去斗志。在残酷的竞争中，这样的团队是无法崛起的。

1996年1月，任正非引进了"鲶鱼效应"，让市场部所有的正职干部都提交2份报告：述职报告和辞职报告。公司采取竞聘的方式，根据其综合素质、潜力，再结合企业的发展需要，选择其中的1份报告。

在竞聘考核中，有30%的干部被替换下来。这次"考核"，震惊整个中国企业界。有人说他太狠毒，不近人情，被替换下来的人不乏曾经跟他一起创业的老部下。

对此，任正非说："华为在初期的发展，是靠企业家的行为，抓住机会，奋力牵引。而进入发展阶段，就必须依靠规范的管理和懂得管理的人才。"

果然，"重新换血"的企业，增添了不少朝气蓬勃的气息。2000年1月，任正非在"集体大辞职"4周年纪念讲话中，这样说道："市场部集体大辞职，对构建公司今天和未来的影响是极其深刻和远大的。"

正是因为任正非的魄力和霸道，才使得华为有了今天的地位。

2015年，在达沃斯论坛间歇，任正非破天荒地主动请一些媒体喝咖啡，要知道，他曾经巴不得离镜头远一些。

记者问他："华为最大的长项是什么？"

任正非回答道："最大的长项就是傻，华为从上到下都是大傻瓜！"

怎么傻了？原来，华为有一个"床垫文化"。每一位员工都有一个床垫，可以午休，也可以睡觉。华为的员工喜欢加班，加班太晚就直接睡公司了。

公司还有几个最傻的"大傻瓜"，智利9级地震时，有3名华为人失联了，华为和家人都十分着急。后来才知道，那3名华为人接到客户电话后，直奔地震中心修理设备去了……

就是这群傻瓜，让华为在2015年的销售额接近4000亿元，净利润达369亿元人民币。就是这群傻瓜，能为了客户利益，敢于冲向死亡。而这，正是因为他们的身边有一杆标尺。

掌控未来，对未来有所预见

生活中，我们经常听到这样的说法："大男人，小女人。"其实，女人一样可以很大气。

希拉里曾在一次演讲中说过："当我们共同面对挑战时，只要我们再次拿出干劲来，就没有我们不能克服的障碍，没有我们不能实现的梦想，没有我们不能做到的事！"

希拉里的气度看似是与生俱来的，但终归是源于后天的培养。比如：父亲对她的挫折教育和求知教育培养。不管基于先天还是后天历练，不可否认的是，希拉里掌控未来的野心，决定了她日后的成就。

要掌控未来，就要对未来有所预见。这是希拉里成功的一个重要法宝。

在白宫，希拉里早就注意到这样一种现象：她和克林顿工作和生活区域的特工们无意中听到的谈话内容可能带来的危害是无法忽视的。希拉里预见了这一事件的严重性，于是立刻让手下换掉这些特勤人员，助手们决定先按兵不动，结果某些特勤人员把白宫内的事情透露给《芝加哥太阳时报》，造成了很坏的影响。

在克林顿被迫重新签署生效《独立检察官法》的时候，希拉里就担心首席大法官威廉·伦奎斯特及其他法官会赶走对自己有利的检察官菲斯克，派另外一名保守派担任独立检察官。

对此，白宫一些官员认为希拉里有些杞人忧天。但希拉里坚持认为"共和党人及其由首席大法官领衔的司法部门的联盟"将不可避免地会向他们发难。克林顿的顾问科特勒与希拉里打赌，如果菲斯克被撤换，他就更名改姓，不叫科特勒。

事实证明，希拉里的担心是对的。大法官任命肯尼斯·斯塔尔取代菲斯克担任独立检察官，这就意味着，今后克林顿夫妇的隐私将遭到不断的调查。

科特勒真的改名换姓了吗？不要当真，这只是一个玩笑，而且这不是最重要的事情。重要的是，希拉里的预见性。只有提前预见，才能做好准备，以迎接担心的事情变为现实。有俗语说："要看到整片森林，不要盯在一棵小树上。"也就是说，我们在看问题的时候，要有预见性，切忌鼠目寸光。

如果你有预见能力，那么实现目标的机会将会大大增加。美国商界有句名言："愚者赚今朝，智者赚明天。"所有成功的企业家，每天必定用80%的时间考虑企业的明天，20%的时间处理日常事务。着眼于明天，不失时机地开发或改进产品或服务，满足消费者新的需求，就能独占鳌头，创造"风景这边独好"的佳境。

香港著名推销商冯两努说过："世界会给那些有目标和远见的人让路。"其实，人们早就知道预见性对于成功的重要性。据《圣经》箴言编29章18节记载，大约3000年前就有人说过："没有远见，人民就放肆。"

所以说，做人做事要用敏锐的眼光洞察现实，要用前瞻性的思维预测未来的发展方向；要敢于尝试，学会思考，善于创新，培养创造性思维；要把目光放长远些，淡泊明志，宁静致远。只有如此，才能克服现实中的种种难题，成为一个拥有大格局的人。

要想在激烈的竞争中占得一席之地，就更要比别人看得远，比别人站得高，比别人想得远。一个要想掌控未来的人，就应该像希拉里一样对自己的未来有所预见。否则，只会陷入眼前的困惑中，想不开，走不出，不仅会减缓成功的速度，也容易多走弯路，甚至遭遇险情。

那么，如何培养自己预见未来的能力呢？

1. 要有准确的观察力和超前思考的能力

众多成功人士的共同点就是：善于观察和思考，通过这两项能力，他们才能看到别人看不到的前方，才能高瞻远瞩地看清时代的发展方向。他们的思维总是超前的，想别人所不能想到的，看别人所不能看到的。

在生活中，那些对自己的未来没有预见的人，往往会被眼前的利益所蒙蔽，看不到远方的危险。所以，要学会高瞻远瞩，培养自己预见未来的能力，拥有开阔的眼界，只有这样才能扩大人生格局。

2. 要居安思危

居安思危，思则有备，有备才能无患。女性往往容易被安逸的现状所牵绊，看不到日后的危机，这是非常危险的。比如：当你对现状满意，止步不前时，就要有危机感了。世界上的竞争这么激烈，每一年都有无数从名校毕业或有才能的人出现，你不努力，不继续武装自己，很容易被打败，被替代。

一个人也要像一支队伍

作家刘瑜曾说："一个人就像一支队伍，对着自己的头脑和心灵招兵买马，不气馁，有召唤，爱自由。"

希拉里就是这样，她强大，无所畏惧，从不排斥生活中的任何不测。即便有个当总统的老公，希拉里也不敢对提升自己有丝毫放松。她很清楚，人生中绝大部分的时间都需要自己单独面对，虽然这些时间里充满了孤独、无助，但她还是选择适应、接受，并转化为新的能量。

在纷纭多变、祸福难测的世界，一个人要把人生过得像一支队伍，既能百战不殆，又能够让幸福像花儿一样，是多么不容易啊！仔细想想，一个人做到了"内圣外王"，才算是人生的真正圆满，才算是成功的最高境界。一个人只有做到"王者之师"，才算是强悍锐气，才算是一个成功的领袖。

曾经有个读者给作家刘瑜写信，问她：如何克服寂寞？

这位读者刚来美国，对一切都不熟悉，没有朋友、没有亲人可以依靠，就连语言也有很大的障碍。每一天，她活动的范围只是学校、宿舍、图书馆，三点一线。她觉得寂寞极了，一想起漫漫长夜，一想起在异国他乡待很久，就莫名地想哭。

刘瑜给她回信说道："我没什么好办法，因为我从来就没有克服过这个问题。这些年来我学会的，就是适应它。适应孤独，就像适应一种残疾。"

适应孤独、寂寞，也是让自己强大起来的一种方式。哲学家罗素说：我的生活有三大动力，一是对知识的追求，二是对爱的渴望，三是对苦难的怜悯。

你瞧，在这三点中，第一和第三点都是可以自给自足的，具有耕耘收获的对称性。我们知道，孤独的滋味不好受，但更糟的是孤独具有一种累加效应，我们越是不接受它，它在我们的心里就会越来越重。这就像是举杠铃一样，一周连续每天举五分钟跟一周一天举半个小时是完全不一样的，你会觉得每天五分钟很轻松，一天半个小时是种折磨。

所以，享受孤独吧，这样才能让自己利用空闲的时间做更多的事，才能变得独立，才能不被孤独侵蚀，才能变得强大起来。慢慢的，你会发现自己真的有不曾被挖掘的一面。

那么，除了享受孤独，变得独立，还有没有其他方法成为"一个人也要像一支队伍"的人？

有的！比如：悍不畏死的亮剑精神；出谋划策的心计；有阳刚之气，充满正能量，充满浩然之气；乐观积极，有情感追求等。但那些虚张声势的矫情、抢功在前冲锋在后的虚假、闻风丧胆的怯懦、见风使舵举白旗的无耻……是不能有的！

决不气馁。既然要像一支队伍一样，那我们就不能气馁、打退堂鼓。生活本来就是五味杂陈，各种味道都有，不可能让你总是吃到甜的，酸、苦、辣也是不可避免的。

纵观人生，失之东隅收之桑榆、丢了芝麻得了西瓜的事儿比比皆是，我们为什么要轻易气馁，轻易被打败呢？

战胜自己。如果说心灵与"一支队伍"有什么关系的话,那就是领导关系,从属关系。心灵的空间越大,心的能量就越强,自然地,这支队伍也就越强了。

相反,如果心灵给自己设置一个天敌,那天敌就是自己。战胜自己,战胜怯懦,你就会变得强大。比如说,你害怕坐摩天轮、过山车,那你就可以尝试去改变自己,用大声呼喊来宣泄自己的恐惧。或者,在面对一件事时,你有退缩的想法,那就深呼吸,调整自己,硬着头皮去面对。当你坦然面对恐惧,那恐惧也在你面对的一刻不复存在了。

有自己的信仰。一个人活得要像一支队伍一样,就一定要有自己的信仰。只有要了信仰,才有主心骨,才有更明确的目标。在生活中,不乏整天浑浑噩噩的人——上学时,就是为了考上大学;工作了,就是为了履行作为一个成年人的责任,仅仅是为了工作,有点儿事干,不被别人说闲话……觉得自己活得并不快乐,人生多少年如一日,平淡无奇,毫无生机。但是,却不愿意去改变自己,依旧过着日复一日年复一年的生活。

如果真的对生活不满,那就应该试图改变自己,重新燃起对生活的激情。一个人要活得像一支队伍一样,首先要明白一支队伍需要什么样的人才,希望这样的人才在队伍中发挥什么样的作用。比如:在面对抉择时,希望队伍中有什么样的人来做;在面对琐事,希望具备耐心和细心的人来做;在面对健康或身体异常,希望得到什么样的建议……诸如此类的。只有多元化发展,具备自己任何能想到的特质,你就会明白:你不是一个人在战斗,而是一支队伍在战斗。

总之,一个人不管做任何职业、任何事,都得学会掌控自己的人生;一个人不管有没有能力,都得懂得指挥自己的心灵和身体。

第十二章

双赢思维——我要赢，我也要你赢

看透双赢思维，你的人生大不同

双赢思维是一种基于互敬、寻求互惠的思考框架，目的是获得更多的机会、财富及资源。双赢既非损人利己，亦非损己利人。只有在双赢思维下，才能实现冲突各方的利益均衡，找到他们之间的利益支点。双赢思维鼓励我们解决问题，并协助个人找到互惠的解决办法，是一种信息、力量、认可及报酬的分享。

俗话说：尺有所短，寸有所长。无论你处于什么环境中，都少不了要与人合作，互相取长补短。即便你再优秀，再有能力，也不可能事事做好、做精，毕竟每个人的能力是有限的。生活中，有不少人总是想着"自己多得一点，少给别人一点"的想法，结果总是想着自己利益的最大化，缺乏战略性的长远目标。实践证明，只有用辩证的观点和双赢思维，摒弃绝对的、一时一事的、局部的最大化，坚持相对的、长远的、全局的最大化，才有助于使自己争取到最理想的利益。

海纳百川，有容乃大。就像我们耳熟能详的那个故事一样：

有一个人去参观天堂和地狱。他先去的地方是地狱，只见那里的人都坐在酒桌旁，桌上摆满了美味佳肴，然而，那些人却瘦得皮包骨头。原来，每个人的双臂上分别绑着约四尺长的叉子和刀，他们完全没办法吃到食物。接着，这个人又去了天堂，意外的是，天堂与地狱的情景完全不同。那里的人虽然双臂上分别绑着约四尺长的叉子和刀，但他们懂得用刀叉去喂自己对面的人吃东西，也因此，他们都吃到了美味的佳肴。

这，就是合作的力量，是双赢的结果。只有充分发挥自身优势，并能利用他人优势的人，才能成为一个"王者"，才能站在巨人的肩膀上。

第十二章 双赢思维——我要赢，我也要你赢

1987年6月，在法国巴黎网球公开赛期间，保罗·弗雷斯科和韦尔奇邀请商业伙伴们观赏这场盛大的赛事，法国政府控股的汤姆逊电子公司的董事长阿兰·戈麦斯也在被邀请之列。

当然，这次邀请是"别有用心"的。

每一个被邀请的人，都被保罗·弗雷斯科和韦尔奇拜访过。很快，就到了与戈麦斯约好的时间。那天，韦尔奇到戈麦斯的办公室去拜访。拜访的过程，与其他商家的谈话没有什么区别，他们都是需要对方的帮助。

韦尔奇想要一家叫CGR公司的医疗造影设备，这家公司实力不算最强，但在同行业中也能排名前五。而韦尔奇的GE公司在美国医疗设备行业，拥有一家子公司，这家子公司几乎垄断了美国从X光机、CT扫描仪到核磁共振治疗仪等医疗设备的全部业务。即便这样，他们在欧洲市场也没有明显的优势。最困难的是，由于法国政府保持着对汤姆逊公司的控股，这也就意味着将韦尔奇的公司挡在了法国市场之外。

在交谈中，戈麦斯明确地表示他不想把医疗业务卖给韦尔奇。不过，韦尔奇还是试探地问了问他是否对业务交换感兴趣。比如：他可以用公司的其他业务与戈麦斯的医疗业务进行交换。而在此之前，韦尔奇也做了一些功课，他非常清楚对方不喜欢GE的哪些业务和公司。

接着，韦尔奇站起身来，走到汤姆逊公司会议室的讲解板前面，拿起一支水笔，在上面罗列出他能够卖给他们的业务。他列出的第一个项目是半导体业务，对方表示不想要。他又列出了电视机制造业务。戈麦斯看到后，立刻表示对这个业务很感兴趣。他认为，自己的电视业务规模还不算很大，而且全都局限在欧洲范围内。如果通过业务交换，就可以把不赚钱的医疗业务扔掉，然后扩大电视业务，说不定能成为第一大电视机制造商呢。

一拍即合后，两人就开始谈判了，且谈判得很顺利。

两人合作成功后，互相道别。等对方走后，韦尔奇按捺不住心中的喜悦，一把抓住了身边的秘书的胳膊，激动地说："天啊，一定是上帝来让我做成这笔交易的！"

秘书说："我想，戈麦斯也想做成这笔交易。"

他说得对，这是双赢的结果，相信戈麦斯在回去的路上，也一定开怀大笑。毕竟，他的电视机公司规模太小，根本没有办法与同行业的巨头对抗。经过这次业务互换，韦尔奇的公司在欧洲市场的份额将会提高到15%，会得到一相对稳定的规模经济和市场地位，与有实力的西门子公司竞争一番。

而对韦尔奇来说，他在国内消费电子产品的业务年销售额为30亿美元，现在如果买进汤姆逊公司的医疗设备，自己公司的业务年收入将会增加7.5亿美元。

就这样，韦尔奇与汤姆逊公司在很短的时间内都取得了成功。

这就是双赢的魅力和结果。以双赢为出发点，大家都能取得成功，何乐而不为呢？合作，就是为了同一个目标，而共同努力的人们联合起来发挥出自己的优势或最大的能力，在更大程度上让想要的结果变成现实。

只要能够与其他人友好合作，相信你的生活也可以更为顺心一点。合作可使人们获得双重的奖励：一方面可使我们获得成功的满足感和成功；另一方面可使我们肯定自己以及被别人肯定。

在生活或职场中，尤其是企业与企业之间的合作，都应该以双赢为出发点。那么，如何做到双赢呢？只要注意到这几个方面，相信你的事业、企业会走得更长远。

首先，要寻找交集点。既然寻求双赢，那就要明确什么叫合作，合作就是他出力，你也出力。所以，这就需要两个人或两个团队去协商。协商出双方"都愿意"的可能性与可行性，寻找出双方的交集点。切记：不要存在偏激想法，只求赢得个人主观的世界。

其次，要正确面对分歧。若双方的观点有不同的地方，不要着急，更不要意气用事，说一些气愤的话。而是应该用诚恳的语气，在言辞中强调"我们"，而不是"你""我"，让对方知道你们的目标一致，有分歧就找出分歧的地方，找到折中的好办法。切记：不要有任何贬损的语言。

没有卑微的工作，只有卑微的态度

在这个世界上，没有卑微的工作，只有卑微的态度。无论你从事的工作多么琐碎，多么初级，都不要小看它。所谓"行行出状元""只要功夫深，铁杵磨成针"，这不是什么励志的鸡汤，而是成功者经过不断的努力和实践得出的结果。

这就像一个普通的面馆厨师，如果他安于现状，那多年以后，也只能是一个有经验的厨师。但如果他钻研面食，研发新技艺，就比如能把一根面拉得比丝线还细，甚至被电视台邀请表演。多年以后，他虽然还是一个面馆师傅，但他也是一个与众不同的面馆师傅。同样的道理，在其他行业，亦是如此。

的确，有这样一些工作，它们看上去并不高雅，工作环境很差，人们似乎也不太关注它们。但是，我们不应该因此就轻视它们，要明白：存在即合理。一种工作的存在，本身就具备一定的价值。只要它是有价值的，就值得你去做。

所以，没有人会去贬低你工作的价值。关键在于：你如何看待自己的工作。你所做的工作就是你的人生态度，你的志向所在。

一个毕业于名牌大学的学生，被分配到一个山区当小学教师。得知这个消息后，他十分沮丧。上了这么多年的学，他应该去做更有价值的事情，怎么能去山区这样封闭的地方呢？这会把自己毁了的。

为了扔掉这个烫手山芋，他不断地托人找关系，还给自己想出了一个好办法——给中意的公司投递简历。如果自己找到了工作，相信山区那边，也不会把自己怎么样的。

然而，不管他的简历写得多么漂亮，都没有一家单位愿意接纳他。因为所有的用人单位都认为，一个没有积极工作态度的人，是不能把自己的本职工作做好。

无奈之下，他只好调整心态，去山区做了一名小学教师。

数年之后，他真正地融入到了山区小学的教学工作中。既然改变不了现状，那就改变自己。当他改变以后，教学计划、课堂的气氛也变得有吸引力了。

后来，他教的学生都非常优秀，纷纷走出山区，走向更广阔的天地。而他，也写了不少教学论文，经常在一些权威杂志上发表。

多年后，有不少教育机构向他发来了邀请函，电视台和报纸也纷纷报道了他的故事，并称赞他精益求精的工作态度。

从最初看不上一份山区的工作，到小瞧一份山区的工作，再到努力做好这份工作，这期间的转变，令人感触颇深。一开始，他为了扔掉这份工作，又是找关系，又是四处投简历。可惜的是，他并没有因为自己是名校毕业生的简历获得一份工作。为什么呢？因为连一份本职工作都做不好的人，又怎么能做出什么成绩呢？

于是，他改变了自己，重新燃起了对工作的热情。事实证明，你若盛开，蝴蝶自来。这就好比我们来到一个残旧的房屋面前，外面的情景很是破旧，似乎已经很久没有住过人了。可当你一旦走进去，却发现里面的家具一尘不染，色调很温馨，空气中还弥漫着一些芳香。于是，你开始后悔"以貌取人"。

不要对一份工作"以貌取人"。轻视自己工作的人，绝对不会尊敬自己，因为他轻视自己的工作，也就很难把工作做到位。

有人说，如果你热爱你的工作，那你的生活就是天堂。如果你讨厌自己的工作，那你的生活就是地狱。你要明白，不是工作需要人，而是任何一个人都需要工作。人的很多决定和行为取决于人的工作态度。

工作中，你的工作态度就决定了你的前景。只有认真工作才是真正的聪明，因为认真工作是提高自己能力的最佳方法。你在为公司工作的同时，也是在为自己工作，在为自己积累经验。在一些人眼里，老板是以"剥削者"的身份出现的，他们认为自己认真工作，一旦付出超出薪水的努力就会"便宜"了老板。

事实上，这是一种误区。你能拿到的薪酬多少，就是你价值的体现。如果你只做一些简单的工作，或者别人给你什么工作，你就做什么工作，那你的薪酬绝对不会增加！因为你的价值没有增加。你所谓的"糊弄"不是在糊弄老板，糊弄公司，而是在糊弄自己。一旦有比你优秀的人出现，那你就没有了存在的价值。

杰克在一家贸易公司工作，到目前为止，他已经工作了一年。由于不满意自己的工作，他在朋友面前抱怨："我在公司的工资是最低的，老板也不把我放在眼里，如果再这样下去，总有一天我要炒了他的鱿鱼！"

朋友问他："那你把公司的业务都弄清楚了吗？对如何做国际贸易的窍门弄懂了吗？"

杰克尴尬地说："没有！"

朋友劝他："大丈夫能屈能伸！我建议你先认真工作，把关于贸易的一些技巧，如何写商业文书，如何写合同等等都完全弄明白，再一走了之。这样的话，既学到了东西，又给了自己一些底气。即便你换个工作，也是有能力的。"

杰克想了一下，认为朋友说得有道理。于是，他一改往日的散漫习惯，开始认真工作起来。即便在下班之后，也会留在办公室研究商业文书的写法。

一年之后，一切都发生了变化。

有一天，杰克和朋友聚会，他说："近半年来，老板对我刮目相看，还对我委以重任。现在，我不仅升了职，还加了薪！"

朋友笑着说："早就料到了！当初老板不重视你，是因为你工作不认真，又不肯努力学习。现在你努力了，有能力了，老板自然看到你的本事，对你跟以往不一样了。"

在我们的身边，并不缺乏像杰克这样的人。遗憾的是，有的人像杰克一样懂得了，为什么自己不被重用。而有的人，不仅不反省自己的工作态度，还安慰自己"管他的，做好自己手上的活儿就行了""我为什么要努力工作，为别人做嫁衣呢"。最终，这些人聪明反被聪明误，失去了升迁和加薪的机会。

哈佛大学曾经做过一个研究，研究证明：一个人的成功，85%取决于他的态度，而只有15%取决于他的智力。在工作中，当我们没有更多更明显的优势时，积极的工作态度就是我们最大的资本，更是未来的竞争力。

时时给别人留点面子

人们都喜欢结交有价值的朋友，喜欢对自己有帮助的朋友。但是，当朋友落难了，也不能变成"势利眼"，对朋友置之不理，甚至在对方寻求帮助时，丝毫不给别人留面子。

俗话说："三十年河东，三十年河西。"人不可能一帆风顺，遭遇挫折，陷入困境是在所难免的。如果你真的帮不了朋友时，也要记得给别人留点面子。也许你小小的善举，会让他铭记一辈子。

有一段时间，通用电气公司遇到一个需要慎重处理的问题——公司不知该如何安排一位部门主管查尔斯的新职务。查尔斯曾是电气部门的一级技术天才，但他的脾气很是暴躁，与别人的协作很差劲。后来，他被调到统计部当主管后，工作业绩也不见什么起色。

公司领导层感到十分为难，毕竟他是一个不可多得的人才。如果惹恼了他，指不定会出什么乱子！经过再三考虑和协调之后，公司领导给他安排了一个新职位：通用公司咨询工程师，工作级别与原来一样，而他的职位，需要另外一个人去接手。

对此安排查尔斯自然很满意。公司也很高兴，他们终于把这位脾性暴躁的大牌职员成功调遣，且没有引起什么风波。

而这，也是公司顾及了查尔斯的面子，虽然他有很多不足，但毕竟他是一个技术人才。公司领导层若处理不好，当面指责他的问题，引起查尔斯的不满，不知道会给通用电气公司带来什么样的后果。给他人留一个面子，是一个重要的问题。每个人都有自尊心，都希望别人凡事都能顾及自己的面子。然而，却很少有人会真正用心地考虑这个问题。

一家管理咨询公司的会计师说："辞退别人有时也会令人烦恼，被人解雇更是令人神伤。我们的业务季节性很强，所以旺季过后，我们不得不解雇许多闲置下来的人员。我们这一行有句笑话：没有人喜欢挥动大刀。因此，大家都很担心，唯恐避之不及，那解雇人的任务就会安排到自己头上，只希望日子赶快过去就好。"

我们总喜欢摆自己的臭架子、自以为是、挑剔、威胁，甚至当面指责雇员、妻子或孩子，而没有多考虑几分钟，讲几句关心的话，设身处地为他人想一下。果真如此，我们就可以避免许多尴尬的场面了。

在人际关系中，如果你想让别人帮你说好话、办事情，就要学会尊重对方。给他人面子便是尊重对方的重要表现。

其实，生活中给对方留面子是一种互助的行为。如果你是一个对面子无所谓的人，那么在工作或者生活中，你往往是个得不到大家喜欢的人。当你招致多数人的反感时，你肯定不可能说服他人、影响他人，进而让他人接受你的意见或者观点。所以，想要与他人和睦相处，就要时时给他人留点面子，事事预留点分寸。同样，你在给他人留面子的同时，也为自己铺就了一条通向成功的阳光大道。

人们可以吃闷亏，也可以吃明亏，但就是不能吃"没有面子"的亏。面子是一个人的尊严，很多人利益可以失去，但面子不能失去，它代表一个人的地位。所以要想有效地影响他人，就要善于从对方的角度考虑问题，给对方留足面子。

许多人都把"吃亏"看作是一种非常愚蠢的行为。然而，很多时候，我们的判断都是错误的，一些"亏"只不过是事情的表象而已。有时，一件看似很吃亏的事，往往会变成非常有利的事。

总而言之：人没有无缘无故的得到，也没有无缘无故的失去。有时，你是用物质上的不合算换取精神上的超额快乐。有时，看似占了金钱便宜，却在不知不觉中透支了精神的快乐。所以，吃亏是福，就是这样一个道理。世界上没有白吃的亏，有付出必然有回报，如果过于斤斤计较，往往得不到他人的支持。要从长远的角度思考问题，要知道吃亏就是福，能吃亏的人往往能收获更多幸福。

退一步，也能达到双赢的结果

在生活或工作中，常常看到只顾自己，不顾及他人感受的情况：交通堵塞时，总是有汽车往各个缝隙钻行；双方谈判时，因一点利益关系，谁都不肯退让；同一架窄桥上，都不肯让对方先过；两个都急于赶火车的人，因为都不肯让一步，因而争吵起来，甚至大打出手，耽误了出行……

事实上，每个人都希望办事方便、快捷，但总是怕自己吃亏，因而在一些难题或困扰中不可自拔。事情的结果却总是事与愿违，变得越发复杂。

如果我们肯多为别人想一下，退让一步，是不是对方也能为我们考虑一下，退让一步，达到双赢的结果呢。

尼采曾经说过："如果你是幸运的，你只需有一种道德而不要贪多，这样，你过桥更容易些。""财聚人散"的要领在于不计当前利益，着重长远利益，吃小亏，占大便宜。

众所周知，乔丹是 NBA 史上最伟大的篮球运动员之一。一方面是由于他球技过人，曾经创造过多项至今无人打破的世界纪录，另一方面则是由于他过人的气度和胸襟。

在当时，公牛队最有希望超越乔丹的新秀是一位年轻球员。年轻球员年轻气盛，好胜心强，在乔丹面前，常常流露出一种不屑的神情，觉得自己才是最厉害的球员。他经常对别人说，乔丹这里不如自己，那里也不如自己，自己一定会把乔丹击败等等。

但乔丹却从来没有把年轻球员当作威胁，更没有因为他的不满而怂恿别人一起排挤他，反而经常对年轻球员加以鼓励和教导。

有一次休息时，乔丹问年轻球员："你觉得咱俩的三分球谁投得更准一些？"

当时的统计数据显示，乔丹投三分球的命中率是 28.6%，年轻球员的命中率则比他低了不少。年轻球员听了很不高兴，觉得乔丹是在明知故问，于是气呼呼地说："当然是你！"

看着生气的年轻球员，乔丹笑着纠正说："不，我认为你投得更好一些。相比较于我来说，你的动作更规范、流畅。你比我有天赋，以后会投得更好。我投三分球时有很多弱点，扣篮主要用右手，左手则完全不行。可是你左右手都技术出色，无比均衡。所以，你的进步空间比我更大！"

乔丹的大度，让年轻球员大为感动。从那以后，年轻球员就抛弃了对乔丹的不满，带着尊敬的态度去尊重乔丹，向他学习投篮。在之后的日子里，他们的球技都有了很大的提高。他们之间的配合也越来越默契，并为公牛队带来了一个新的辉煌时代。

按照达尔文的说法，来到这个世界的所有生物，都必须要参与竞争，或多或少。"物竞天择、适者生存"，当资源数量不能满足发展的需要时，竞争就出现了。

即使你只想做个普通人，也不可能避开竞争。只要有人的地方就有竞争，人类的竞争活动、竞争意识无所不在，从打牌、打麻将这些大众游戏，到各类体育比赛，再到就业竞争、商业竞争、政治竞争，等等。

也因此，如何赢，如何达到共赢，就是每个人都需要学习的技巧了。现在有一个比较火的词，叫"零和"，大致是说双方博弈，一方得利必然意味着另一方吃亏，一方得益多少，另一方就吃亏多少，双方得失相抵，总数为零，所以称为"零和"。

"零和"理论与能量守恒定律有些类似，它认为，世界是一个闭环系统，财富、资源、机遇都是有限的，恒定的。个别人、个别团体或者是个别国家的财富，都是来源于其他人或者其他地区的，一方的增加必然意味着对另一方的消减。

可口可乐和百事可乐是饮料市场上水火不容的竞争对手，双方的市场竞争可谓是你死我活。表面看来，他们都希望对方忽然发生重大变故，以便于把市场份额据为己有。但是多年以来，这种"竞争"局面竟然让双方都大赚了一笔。

无独有偶，上海宝钢集团公司、首钢总公司和武汉钢铁（集团）公司，在2001年3月首先以战略联盟的方式联合起来，他们联合采购，整合运输环节、新产品开发，从而避免恶性竞争。他们在各个方面展开了广泛的合作，形成了强强联合，让对手成了帮手。

这就是竞争中的双赢模式，企业大佬都是聪明人，他们真正的目标不是对方，而是消费者，以及其他那些想要借机发展的同行们。只要有第三家企业想进入碳酸饮料市场，这两大巨头就必然展开一场心照不宣的攻势，让挑战者知难而退。

人们常说，家和万事兴，其实需要和谐的又岂止是家庭？公司、企业，乃至国家，都离不开"和"字。

虽说人生是一场没完没了的战争，但生活决不能等同于荷枪实弹地上战场，因为生活中，打垮对手也不一定对自己有利。只有从竞争走向合作，尽量去谋求双赢乃至多赢，才是最高明的竞争手段。

其实，世上没有不能交的朋友，不要因为你们是竞争对手，就认定对方是敌人、是小人，这样做只会把他们变成真正的敌人。只有敞开自己的胸怀，主动去接纳他们，寻求共赢，才能让彼此成为彼此的贵人。

第十三章

创造性思维——改变你的人生高度

创造性思维是一种天赋创造

创造性思维，是以感知、记忆、思考、联想、理解等能力为基础，以综合性、探索性和求新性为特征的高级心理活动，是一种具有开创意义的思维活动，需要人们付出艰苦的脑力劳动，开拓人类认识新领域、开创人类认识新成果的思维活动。其思维路线是开放性、扩散性的。其本质就是发散性思维，运用这种思维方式处理问题时，可以从多角度、多侧面、多层次、多结构去思考分析问题，寻找最终的答案，既不受现有知识的限制，也不受传统方法的束缚。其解决问题的方法不是单一的，而是在多种方案、多种途径中去探索和选择。

创造性思维具有以下特点：

1. 新颖性。创造性思维贵在创新，这种思维模式多是在已有的基础上形成新的见解、新的发现、新的突破，从而具有一定范围内的首创性、开拓性思维。

2. 灵活性。创造性思维需要人们突破现有的思维方法和程序，人们可以自由地、随心所欲地发挥其想象力。

3. 艺术性和非拟化。创造性思维的结果存在着两种可能性，它的对象多属"自在之物"，而不是"为我之物"。

总之，人们通过创造性思维，可以不断提高人类的认识能力，增加人类知识的总量。其次，人们通过创造性思维也可以为实践活动开辟新的局面。此外，创造性思维的成功，又可以反馈激励人们去进一步进行创造性思维。

那么，在实际工作生活中我们又该如何打破思维定势，发挥创造性思维，开创头脑风暴，从而在日趋激烈的市场竞争中，立于不败之地呢？

华为于1987年创立于深圳，是一家生产用户交换机的香港公司的销售代理公司。创业初期，中国电信设备市场已经被瓜分得所剩无几，所以华为只能从代理交换机起步。要想在同行业立足，华为还需要很长的路要走，或者说，它没有什么路。

3年之后，华为选择了另一条路：把代理销售获得的薄利用来自主研发交换机，为企业谋取一条新路。经过艰苦努力，华为终于拥有了自己独创技术的程控交换机。这款交换机使华为在自主创新的道路上越走越远，打破了当时中国市场中固有的思维定势，拥有了属于自己的广阔天空。

"我们为什么要创新，为什么要投入50多亿到3G中去？是为了企业的生存和发展。"这是华为董事长孙亚芳说的，从一开始，华为就本着开创性的思维，来创新发展的。

据华为资料显示，在2012年年底已经拥有7万多人的研发队伍，占员工总数的48%，从1992年开始，华为坚持每年将营业额的10%投入到产品的研发中去。

2014年，华为的研发费用为408亿元人民币，占销售收入的14.2%。在首届华为开发者大会上，华为正式对外发布了开发者生态战略和面向开发者的"沃土"计划，宣布将在五年内投入10亿美元支持开发者计划，同时开放技术专家团队、全球6000多个企业市场渠道，对开发者提供研发、销售和交付能力培训。

如此庞大的数字，华为一直都秉承着"敢为天下先"，做其他企业不敢走的路，从而让华为成为中国知名民族企业的标志，标志着中国不再无知识产权，标志着中国也有自己的新技术。

任正非在采访中说过："没有原创产生，一个国家想成就大产业，是没有可能的。即使成功了，也会像沙漠上修的楼一样，也不会稳固的。"

只有打破思维定势，开创创新思维，才能在高速发展的行业中，做到高瞻远瞩，在高速竞争的经济市场中站稳脚跟。

华为在企业内部实施"员工有其股份",让员工与企业共奋斗、共获益,把应用型的研发机构均定位为利润中心,使员工能直接感受到市场压力,也能分享知识产能带来的成果,从而促成有生机的命运共同体。

1997年年底,华为一行人来到美国,访问了思科、IBM、惠普等几家享誉美国的公司,希望引进国际级的管理体系,之后华为还特意与IBM合作,高薪聘请数十位IBM的专家为华为进行一次大规模的管理改革。

任正非曾经反思道:"过去我们对如何提高企业核心竞争力有误解,太强调自主知识产权的重要性,什么事情都要自己做才好。这是一种错误的观念,因为它没有从业务的角度去考虑提高我们的核心竞争力。知识产权倒是自主了,但是自己做出来的东西总是赶不上市场的时间,质量和竞争力也很差,这种自主知识产权有什么用呢?"

对于国际先进的管理技术,很多人提出质疑:根据中国当时的国情,这套国际管理技术适不适合华为?甚至还有一些人认为华为的流程比国际管理流程要好,不需要改革。质疑声层出不穷,但是任正非顶住所有压力,坚持改革和引进国际管理技术。

他告诫华为员工:"5年内不许你们创新,顾问说什么、用什么样的方法,即便你们认为他不合理,也不许你们搞创新。5年之后,把人家的系统用好了,我可以授权你们进行局部的改动。至于进行结构性的改动,那是10年之后的事情。"

华为的实践发展证明,当初的选择是十分明智的。华为冲破了思维定势的迷雾,学其精华,去其糟粕,建设了一个适合华为的强大的管理体系,为华为走向世界奠定了最坚实的后盾。

日新月异的今天,华为无论在管理体系上还是产品技术的研发上,都具有明显的竞争优势。如果没有当初的突破和创新,华为很可能很快就被发展的车轮碾压。

从企业至个人,要想无坚不摧,就必须有常人所不及的思维模式。只有拥有这样思维的人,才能预见未来,敢于审视固有的体系,敢于打破固有的思维模式,跳出思维定势的怪圈。

总之，想要在市场竞争中占领一席之地，就必须打破思维定势，开创创新型的思维模式。

打破思维定势是成功者必备条件

美国犹他大学的助理教授马特·迈特（Matt Might）这样描述博士学位的概念："假如人类所有的知识是一个圆圈，圆的内部代表已知，圆的外部代表未知。那么在小学和初中阶段，你学完了圆心部分；在本科阶段，你找到了自己的专业方向；在硕士阶段，你在学业上继续前进；在博士生阶段，你接触到本专业最前沿的知识；这个时候你再深入思考，终于突出了圆的边界。这时，你才成为了博士。"在这个过程中，最关键的一点就是：要有深入学习的精神和独立思考的能力。

其实，不论是在学术领域，还是在现实的社会中，都需要"一"字型的人才，也更需要"T"字型的人才。意思是：你不仅需要有广博的知识，更需要有深入钻研的精神和独立思考的能力。否则，你就只能走别人走过的路，永远体会不到在广阔的新天地中翱翔的滋味。

著名学者、美学家、曾任北大教授的朱光潜曾经说过："我所说的话都是你所能了解的，但是我不敢勉强要你全盘接收。这是一条思路，你应该趁着这条路自己去想。一切事物都有几种看法，我所说的只是一种看法，你不妨有自己的看法。"

如果你想有自己的独立思考，有一点是很重要的，就是：不能限于思维定势。对于渴望成功的年轻人来说，打破思维定势是非常重要的！

一位年轻人对父辈创业的故事很是感动，并下定决心外出寻找财富。

他远涉重洋，在热带雨林中找到了一种散发出香气的树木。然而，等到他把这种树木运回家乡，搬到市场上去卖，却无人赏识。为此，他感到很不理解，为什么旁边一个卖木炭的小贩生意兴隆，而自己的树木却无人问津。

为了改变这种现状，他也效仿小贩卖炭的做法，把香木烧成了木炭，挑到市场上去卖。果然，木炭很快就卖完了。令人遗憾的是，他烧成木炭的香木，正是世界上珍贵无比的"沉香"！只要切下沉香的一小块磨成粉末，价值就超过一车的木炭。

年轻人急于求成，不多思考，局限在固有的思维模式里，其结果肯定是失败的。如果年轻人能够多等等，等着识货的人，那珍贵的"沉香"也不会如此贱卖。

从年轻人做生意的例子，我们得到一个教训：凡局限于某些思维中，不多加思考的人，结果总不会是好的。相反，那些成功的人，恰恰就是打破思维定势的人。

现代社会经济如此发达，任何工作都不是盲目和无序的。人们要想在工作中不断提高自己的能力，就要严格要求自己，通过不断地思考和总结来提高工作质量。

巴菲特曾经开出过接班人的条件，首先是要打破思维定势，其次是要情绪稳定，最后是要对人类心理以及机构法人投资行为有一定了解。这三个条件，正是巴菲特获取成功的三大基础。把打破思维定势列在第一位，可见巴菲特对此多么的重视。

在中世纪，英法交战的时候，英国军舰就在水面上巡弋着，只要前来攻城的法军一靠近，就猛烈开火。法军的军舰远远不如英军的军舰，根本无计可施，法军指挥官急得团团转。

此刻，一位年仅24岁的炮兵上尉灵机一动，当即用鹅毛笔写下一张纸条，交给指挥官："集中兵力攻占港湾西岸的要塞，夺取海角，然后集中大量火炮，拦腰轰击英国军舰，以劣胜优！"

指挥官一看，连连称妙。

果然，猛烈的炮火使英国舰艇无法前进。仅仅两天时间，原来把土伦城护卫得严严实实的英军舰艇就被轰得七零八落，不得不狼狈逃走。英军见状，也很快缴械投降。

事后，这位年轻的上尉被破格提升为炮兵准将。他就是后来的法国皇帝，威震世界的拿破仑。

和许多卓越的人一样，拿破仑的成功在某一程度上是：在关键的时刻打破思维定势，开动了脑筋，为指挥官找到了突破困难的方法。打破固有思维的能力让拿破仑走上了一个有高度的新起点。他后来的每一步升迁，几乎都和打破思维定势，善于运用智慧突破困难的做法有关。

一个不打破固有思维的人，总会对接踵而至的问题长吁短叹，而一个善于打破固有思维的人总能想到办法解决问题。由于打破固有思维，善于思考，牛顿成了最伟大的科学家之一；伽利略推翻了亚里士多德定律；哥白尼否定了托勒密的学说……

如恺撒大帝所说的那样：一个人的一生，会像自己所期待的一样。我们应该使自己具备独立思考的能力。换句话说，我们应该打破思维定势，才能为人类攀登高峰作出一次又一次的贡献。

敢于"实验"，多思考

现任北京大学教授、现代著名科学家、中国高科技产业自主创新的先驱王选说过："不要致力于满口袋，而要致力于满脑袋。满脑袋的人最终也会满口袋，我是相信这点的。"

有句话说得好："发动机只有发动起来才会产生动力，一旦停止，那么动力自然也就停止了。"思考也如同发动机一样，只有一直思考，才能给我们的工作或生活带来持续不断的动力。从某种意义上来说，正是思考的力量，使人类逐渐成为世界的主宰者。

或许有人会说：我是想思考，可是我根本就分不清楚哪些东西该思考，哪些东西不该思考！瞧，问题出来了吧！不管你能不能够分得清，只要犹豫，那也是一种思考。

这个"知识爆炸"的时代，对每个人的思考能力都提出了挑战。愈有思考能力的孩子，求知欲望就愈强，终身学习的能力就愈强，创造力就愈强。这种能力，使他能够与时俱进，备受社会的欢迎。

如果说思考是一种能力，那知识就是思考的必要工具。换句话说，如果没有足够的知识积累，就无法进行正确而有效的思考。

被誉为亚洲成功学权威的陈安之说："在我25岁重新创业的时候，立志成为世界顶尖的演说家，要有巨大的影响力，要帮助无数人成功。然而慢慢地，我发现在这世界上可以做到这些的人，比如我的老师安东尼·罗宾、世界销售冠军汤姆·霍普金斯、世界第1名激励大师金克拉先生、世界潜能大师博恩·崔西等等，他们每一天都在不断地阅读、不断地学习，在1年里至少阅读100本到200本书籍。假如我未来变得像他们一样，有如此大的成就，那我就必须做同样的事情。所以，从25岁开始，我每年读300本到500本书籍。只要当天晚上没有演讲，我就会学习，阅读。

"我每天在办公室里面，不断地训练业务员，并告诉他们我以前在安东尼·罗宾机构成为第1名营销代表的原因——我每天站着打电话，打100通陌生电话——这是别人不愿意做的事！

"有人说'陈老师你的演讲为什么讲得这样流畅？'——事实上，以前我每天对着镜子练习3个小时以上。

"在这个世界上，很少有人每天站着打100通电话，很少有人对着镜子练习3个小时演讲，很少有人愿意去做别人不敢做的事情、做别人做不到的事情。"

从陈安之的言辞中，我们终于可以理解这句话：世界上只有 3% 的人可以称之为成功者。成功者之所以成功，是因为他愿意做别人不愿意做的事情，是因为他愿意做别人不敢做的事情，是因为他愿意做别人做不到的事情。

假如你没有做这 3 件事，那你可能就属于 97%。假如你愿意开始做别人不愿意做的事情，做别人不敢做的事情，做别人做不到的事情，我相信下一个成功的人一定就是你！

当我们遇到难以解答的问题时，不要怕麻烦，不要以偏概全地敷衍了事，要试着进行深入而具体的思考，培养自己的逻辑思维能力。要弄清事物的构成因素，探究各因素之间的关系，如大小、因果、是非等。通过这样的训练，能让人们拥有更敏锐的思考力，认识某一事物时更加透彻和迅速。

除此之外，我们还要做一个敢于试验的人。不要沉迷过去，不要有"我们以前就是这样做的，我们现在也应该这么做"的偏执观念，要试图改变——"我们怎样做才能比以前做得更好""我们怎样改变，才能更有效地完成这些事""我们如何在短期内完成一个长期目标"。只有打破固有的传统，走出"封闭"的天地，才能看到世界有多大，你的路能走多远。

善于做好开创性思维

思维决定命运。现实社会中，拥有什么样的思维就能走出什么样的路，铸造什么样的命运。许多的成功者可能不是最勤奋的，知识不是最为渊博的，但都是善于积极思考的、敢于创新的、思维异常活跃的人。

"无中生有""异想天开"之类的词语总是在我们的生活中频频出现。正是因为人们循规蹈矩，很难打破自己的传统思维模式，而笑别人异于常人的想法，从而把自己的思维禁锢在传统思维的穹顶之下。但是，现在社会中不缺乏"模仿",也不缺乏聪明的头脑,更不缺乏刻苦努力之人,而是缺少创新型的人才,缺少具有开创性思维的头脑。

"无中生有"就是现实生活中开创性思维的一个表现。一个好的发明、一个好的提案、一个漂亮的点子,都是来源于"无中生有",因为"有"激发出了无限的可能。它像是开创性思维的开场白,有时这样的一个"开场白"会成为命运的转折点。

马云从小酷爱金庸武侠,喜欢听茶馆里面的杭州大书、苏州评弹。但是高考数学成绩只考了1分。

在马云13岁那年,地理老师在课堂上讲述了一个故事:

地理老师曾在西湖边上遇到过几个外国游客,由于对地理知识的了解,用英语与外国游客聊得十分高兴,外国游客也对西湖有了更深的印象。因此,老师共勉大家说:"一定要学好地理,不然别人问起来,你又答不上来,多给咱中国人丢脸啊!"大家听后点点头。但在马云看来,必须学好英语,将来才有大用途。

从那以后,他便开始苦练英语,最终成为"杭州英语第一人"。正因为"无中生有"的一个小想法和后天刻苦努力的付出,才为他今天的商业帝国打下了通往世界的基础。

在大学任教时期,马云认识到:社会对英语人才和翻译业务有着巨大的需求量。于是,他在1992年成立了杭州第一家专业的翻译社——海博翻译社。创业初期,翻译社的经营举步维艰,为了让翻译社能继续生存下来。他做起了"倒爷"以补贴翻译社的日常开支。一个人从杭州跑到义乌、广州,四处批发小商品,凡是有些利润的小商品,他都背回来卖。为了能把货卖出去,吃尽了闭门羹。正是因为马云当年不懈的坚持,才有了今天杭州最大最专业的翻译机构。大家都觉得没有希望的东西,在他看来却是充满了生机,这都取决于他异于常人的开创性思维模式。

1995年,马云在美国接触并认识了互联网,他发现互联网在中国还没有普及,甚至很多地方都没有。当时,他敏锐的大脑中又闪出一个念头:回国创业，做互联网！

回国后，朋友们认为他是在"异想天开"。但是，他坚持自己的想法，并毅然决然地踏入一个他什么都不懂的行业。从1995年到1998年，不断地尝试互联网在中国的推广，然而效果不是很好。

1999年初创立了企业对企业的网上贸易平台——阿里巴巴电子商务网站。

2003年5月，马云投资1亿元人民币建立个人网上贸易平台——淘宝网。

2004年10月，阿里巴巴投资成立支付宝公司。

阿里巴巴在中国香港成立国际总部，在中国杭州成立中国总部，并在海外美国硅谷、伦敦等设立分支机构、合资企业3家，并在中国超过40个城市设有销售中心，等等。事情就是这么神奇地从无到有，从渺小到强大。马云运用他敏感的直觉和敢于创新的思维模式，让自己的商业帝国屹立于世界之巅。

马云说："一路走下来，我的梦越做越大。我最大的经验就是千万不要放弃，任何时候都要勇往直前，而且要不断创新和突破，直到找到一个方向为止。跌倒了爬起来，又跌倒再爬起来。如果说成功的希望，那就是我们始终没有放弃。"

也许是儿时对金庸武侠小说的迷恋，使马云有了异于常人的想象力和创造性思维，喜欢在虚无缥缈的武侠世界中遨游。把自己变成生活的导演，在他的"光明顶"建造自己的王国，与众多英雄"华山论剑"。从而成就了他"王者"的性格。

而在生活中，总有一些公司甚至是企业，模仿站在高处或成功的人。羡慕他们异于常人的创造性思维能力。可是他们忘了，那些站在高处或成功的人，是如何看到别人看不到，想别人想不到的，又是如何抓住机会的。试想一下，当一个苹果砸到你的时候，你会怎样想？是想天上掉馅饼了，还是认为苹果惊扰了你的美梦？不管怎么说，正是异于常人的思维方式，才使得在千万人中有一个发现"万有引力"的人。

机会总是稍纵即逝，抓不住就失去了。在生活或是工作中，我们要打破思维定势，突破传统的思维惯性，克服从众心理，不断地更新自己的思维模式。

"艺术来源于生活，却高于生活"，只有充分打开大脑的开创性思维，才能创造更有价值的东西。做好"无中生有"这个开场白，就拿到了通往成功的钥匙，人生之路就是思维之路。不要放弃任何时候的一个奇思妙想。从"无"中想到"有"来，看到别人看不到的，走别人想不到的路，才能突出重围，出奇制胜！

做个像乔布斯一样的人

可以说，一个人每天都会产生创新思维，因为人总会不断地改变对世界的看法。有人说，创新行为是一种偶然行为。不可否认，创新有其偶然性，但更多的是，创新实践者在创新的过程中是否能意识到他们行为的意义与价值。也就是说，他们知道自己是在创新，而且他们有创新的欲望。

有人称赞牛顿思路灵活、思维具有创造性，为人类做出了重大的贡献。牛顿说："我只是整天想着去发现而已。"而牛顿的"整天想着去发现"就是一种创新的意念。

在生活和工作中，如果我们能够像牛顿一样，具有强烈的创新意念，就一定会发现别人发现不了的东西。

无论对个人还是企业来说：只有创新，才能成就未来。创新能让个人或企业超越自身，拥有全新的竞争优势，从而在激烈的竞争中夺取一席之地。

在索尼发展的60多年中，每一次产品的推出都意味着创新。由于它的这种创新意识，才能在这么多年中不断地发表新产品和新技术，有着在整个世界范围内都是绝对领先,甚至是革命性的影响力。索尼的竞争对手要想轻易赶超它,可不是一件容易的事情。

通用汽车公司的设计师说过:"当人们还在喜欢 A 型车时,企业已经在向经销商运出 B 型车了,工厂则在生产 C 型车,而技术部则在设计 D 型车。"

可见,创新能力是走在技术前沿的推动力。当然,竞争优势并不是根据企业规模的大小决定的,而是根据创新能力来决定的,创新能力才是竞争优势的重要因素。

当 iPhone 上市时,市面上的其他手机一下子变得黯然失色。iPod 的出现,改变了音乐、时尚,甚至是人们的生活方式。在产品设计上,乔布斯并不是在别人的产品上加以完善,而是在产品中注入美学的元素,追求美感和创新。比如:他想把计算机放到塑料箱里;他想制造一台彩色的、半透明的个人电脑;他想把音乐库放在口袋里,让人们一边走一边听音乐;他想把播放器放在 AC 适配器里……

乔布斯的思维模式与其他企业,或者同行业的思维模式有什么不同?仔细想想,他们之间最大的不同在于:方向相反!一般情况下,企业是从"现在"出发,逐步朝"未来"行走,而乔布斯是——先确定终点,再寻找到达终点的捷径。

同样具有创新能力的还有 IBM。

1992 年底,IBM 亏损了 50 亿美元,企业危机重重,甚至到了无可挽回的地步。直到企业有了全新的经营理念,IBM 才逐步恢复元气,重新成为行业巨头。如果没有创新能力,不管多么辉煌的企业终究会退出激烈的竞争市场。

百度总裁李彦宏曾经在《百度离破产只有 30 天》中写道:"当我们愉快地享受着宽松文化和高股价给每个人多多少少骄傲的同时,我们不要忘了,百度离破产永远不到 30 天!我们处在一个全球化的时代,我们处在变幻莫测的行业,技术的变革,资本的无情流动、消费者面对越发多元化选择时的不稳定,都让我们这家年轻的公司战战兢兢,如履薄冰……我们更担忧的是在百度上市一周年以来，在公司里的某种骄傲和松懈的苗头，某种以为可以像在资本主义国家的那些国际公司里的但求无过的情绪在滋生……我们要投入全部的精力提升我们的核心技术，创造出具有更好用户体验的产品！我们要比别人更快地行动，我们要杜绝一切形式的浪费，才有可能生存下来……让百度永远离破产只有30天，让我们更坚强、更勇敢地共同战斗，让那一天永远不要来。"

从他的话中，我们不难看出：成绩只是对过去的一种总结，无论企业还是个人，都不需要把精力放在过去，而是要向前看，且不能停下脚步。

总之，只有保持创新意识，才能做出超越过去的成绩。比如：

1. 企业不能自满。简单来说，推动企业发展的是人，而人的自满情绪会直接影响到企业的发展。对一个领导者来说，他的自满情绪不仅会感染到员工、伙伴，更会导致整个企业发展的变慢。比如：有一家化工厂，通过技术的不断创新取得了一项专利，并在投放市场后，赚取了一大笔利润。对此，化工厂的负责人专门为这个专利定做了各种荣誉宣传牌。可惜，好景不长，不到一年半的时间，该技术就被同行突破了，而这家化工厂也面临着倒闭的局面。

2. 保持竞争意识。当企业取得一定成绩时，人们会把关注点都集中到企业内部，忽视外部竞争对手的变化，事实上，企业只要稍不注意，就会被大量的效仿者、竞争者所取代。时刻强调竞争的激烈性，时刻强化忧患意识，能让企业始终有一颗清醒冷静的头脑，来面对市场的一切变化。

3. 学习和融入新知识。创新是不断更新的一种态度和技术。通过新知识的补充，企业可以进一步完善和加强原先的成果。要注意：创新是不会自动生成的。如果你止步不前，是不会有创新结果的。

第十四章

简化思维
——更简单的行事方式应该是简单、有效

简化思维不等于简单思维

你有没有遇到过这样的情形,当你想谈及某个问题时,发现这个问题实在太复杂了,牵涉到许多方面。你感觉自己好像进入了一个迷宫,不知道该往哪边走,不知道该如何着手,只好在原地徘徊,这时你可能需要简化你的思维。

丹麦著名哲学家麦克斯恩说过:"任何基本的东西都是简单的,宏伟事业的核心是简单的,人类文明的根基是简单的,人性的本原是简单的,宇宙的出发点是简单的,一切创造的起源点也是简单的。"简化思维的特点就是聚焦核心问题,从结果或最终目标反推,以避开其他复杂因素的干扰,有点类似于逆向思维,是一种化繁为简的思维方式。听起来好像很容易做到,无非就是简单一点而已。是的,简单的就像数字 1+1 一样,但说 1+1 是怎么来的,这对于一般人来说,就不是那么容易能够说清楚的了。

做事如此,说话如此,做人亦是如此。在生活和工作中,我们不妨用简单思维,用最简便的方式,直奔问题的实质,就是对原事物结构的简化设计,尽可能地撇开非主要因素,减少一些不必要的环节,让复杂问题的解决方式变得简单易行。苹果手机之所以称霸全球,不是质量多好,材质多高端,而是乔布斯把该节省的都省去了,化繁为简。

当你用简单思维看待周围一切时,你会猛然发现:原来,简单的东西才是最美的,而许多美的东西正是那些最简单的事物。

曾经,美国太空总署征求一种能在真空环境中使用的,且不需要补充墨水或油墨的书写工具。至于费用,多少都行。

消息一发出去后，全世界的天才都大动脑筋，设计各种各样的太空专用笔。遗憾的是，他们的设计都不合格。

有一天，太空总署收到一封从德国发来的电报，上面只有几个字：你们试过铅笔没有？

看到这里，你可能会哭笑不得。但仔细想想，这句话不无道理。原来，答案就这么简单。你可能会讥笑那些"天才"的努力，佩服那个德国人的"随意"。然而，很多时候，我们又何尝不是这样呢？

面对问题，我们总是横观、直观、正面、反面、多方面地寻求解答，却忽视了身边原本存在的那些简单又实用的东西，结果我们绞尽脑汁，也找不到解决问题的方法。归根结底，还是我们把简单的问题复杂化了。我们一味追求"神秘""深奥""高深莫测"，却在无形中束缚了自己的脚步。

法国昆虫学家法布尔说过："简单便是聪明，复杂便是愚蠢。"只要我们敢于大刀阔斧，砍掉不必要的东西，把复杂事情简单化，我们就会发现人生其实好简单，成功其实离我们也并不远。

通用汽车公司黑海汽车制造厂总裁收到一封关于汽车的投诉信：

"尊敬的总裁先生：这是第二次给你写信，我不会怪你没有答复我的问题，因为这个问题实在太荒诞，但它的确是事实。最近我买了一辆黑海牌车，但它出现了一个问题。每次我从商店买完香子兰冰激凌回家，汽车就启动不了，而买其他种类的冰激凌，车子就启动得很好。无论这个问题有多么愚蠢，但我还是想知道这是怎么回事？"

黑海厂总裁看到信后，很是疑惑，他也不清楚是怎么回事。于是，他派了一个汽车工程师去查看。

工程师去了以后，竟然也遇上同样的麻烦——当他开着那辆车，在这家商店买了香子兰冰激凌返回时，车子怎么也启动不了！

接连两天，工程师都去测试了。当他买的是巧克力冰激凌，车启动了。当他买的是香子兰冰激凌，车子就启动不了。

工程师怎么也不会相信，车子会对香子兰冰激凌过敏。终于，在几天以后，他知道原因是什么了。原来，在冰激凌店的货架上香子兰冰激凌很受欢迎，冰箱就摆在货架前面，很容易取到。而其他冰激凌都摆在货架后面的分格里，这需要花较长的时间去找。所以，问题就变成了——为什么车停的时间短，就启动不了。

经过几天的琢磨，工程师找到了问题的答案：当车主买完香子兰冰激凌时，汽车引擎还很热，因而汽车启动不了。

后来，这个"对冰激凌过敏"的车子就摆脱了这个称号。不管怎样，有问题还是要解决的，不能因为停的时间长短就容忍汽车启动不了。

至于怎么做，那就是工程师的事情了。

事实上，很多事情很简单，但人们往往把它们复杂化了。相反，如果你把问题想得简单，结果可能就不一样了。如何正确解决一件事情，方向是最重要的，就如同驾驶汽车，汽车是个复杂的东西，在驾驶汽车时，要掌握各种技能，还要有应变的能力。

同样的道理，解决问题时，也要找对方向，找准脉络，把复杂的事情用简单的方法去解决。杰克·韦尔奇说过："你简直无法想象，让人们变得简单是一件多么困难的事情，他们恐惧简单，唯恐一旦自己变得简单，就会被人说成是头脑简单。"而在现实中，那些思路清晰、坚忍不拔的人往往正是最简单的人。

放眼全世界，拥有简化思维

简化思维是指以"简化"为核心的思维方式。在日常工作和生活中，人们常常把简单思维理解为幼稚的、简陋的、不动脑子的思维方式。这种理解

第十四章 简化思维——更简单的行事方式应该是简单、有效

是错误,且愚蠢的。

简化思维并不是贬义词,而是简化了事情的复杂性,让其变得简单一些。比如:减少不必要的重复过程,简化做事的方法和思维。

艾森豪威尔作为举世瞩目的将军,在领导方面有他的一套独特心得。作为第二次世界大战中盟军的指挥官,有一次他在英国打高尔夫球时,有新闻记者来采访他:"前线战事紧急,您怎么还有心情在这里打球啊?"

艾森豪威尔说:"我不忙,我只管3个人:大西洋有蒙哥马利,太平洋有麦克阿瑟,喏,在那边捡球的是马歇尔。"事实上,艾森豪威尔手下有百万大军。

当把复杂的事以简单的思维想和看,就能反映出一个领导者思维的深度和高度。用艾森豪威尔将军的话说,就是:领导的任务,就是要带领人们追随他,以共同达到某项目标。作为领导,应该全力做好最重要的事情,其余的一些事情,必须采取"放权"的方式,给予部下各种机会,鼓励他们独立工作,培养他们独立作业的能力,增强部属的参与意识、使命感和成就感,让他们能够得到充分的锻炼和发展。

许多追求完美型的领导,喜欢大权独揽,小权不放,动辄"一竿子到底",结果只能被动应付,捉襟见肘,事情反而没有起色。相反,一些善于授权的老总,由于"分身"有术,常常超脱得很,并不见"吃饭有人找,睡觉有人喊,走路有人拦",事业却一片红火。

作为领导,勤勉是令人称道的,但并不是一个好领导者所应该做的。领导在管理上事必躬亲,恰恰偏离了管理学的核心。一个优秀的领导者不一定要在各个方面都比人强,而在于具备调动下属积极性的才能。

很多完美型的领导凡事亲力亲为,这不仅会造成工作效率低下,还会使下属产生消极情绪。领导者事必躬亲,会让下属感到不被信任和重视,严重的可能会导致人才流失。在一个团队中,即使领导者再有才能,若不懂得适当授权给下属,其团队的战斗力也必将十分低下。

因此，领导们要懂得"放权"。放权，不仅是对工作上的一种简化，也是对企业的一种简化，让每个人各司其职，才能最大限度地发挥员工的价值，从而共同走向世界的最顶端。

打倒自卑，迎接世界的质疑

生活中，自卑的情绪总在我们不经意的时候侵袭着我们，包围着我们，甚至控制着我们的生活。当我们碰到困难的时候，自卑会站在我们的背后大声地吓唬我们。

当我们有所决定、有所取舍的时候，自卑向我们勒索着勇气与胆略；当我们要大踏步向前迈进的时候，自卑会紧紧拽住我们的衣袖，告诉我们前面危机重重，仅凭一己之力根本无法应对。自卑的情绪就像蛀虫一样啃噬着我们的人格，成为我们走向成功的绊脚石和拦路虎。

人人都有自卑的一面，任何一个成功者也不例外。

在大学之前，希拉里是所有老师的宠儿，更是同学们眼中出类拔萃的学生，可在步入大学以后，希拉里的心态开始发生了变化，她开始变得自卑，因为山外青山楼外楼，强中更有强中手。

大学班级的姑娘们个个都是优秀的，她们有的游览过世界各地，有的聪明伶俐，有的出身特权阶层，有的会讲几门外语，有的就读过美国东北部新英格兰地区最好的寄宿学校。而希拉里呢？她带有浓郁的芝加哥口音，只出过一次国，去加拿大看过尼亚加拉瀑布，学过两年的拉丁语，读的是普通高中。

在短暂的学习中，希拉里感到了吃力，大一的数学和地质学很难学。她思索好久，还是忍不住给父母打了个电话，诉说自己的情绪，说自己在这里待不下去了。母亲耐心地开导她，鼓励她，希望她能很好地调整自己，相信她会做得很好。挂上电话后，希拉里重新振作起来，开始积极起来，与同学竞争校内政治领导者职位，并成功当选为学校青年共和党俱乐部主席。

从此，希拉里的生活开始了新的篇章，她成功摆脱了自卑情绪，充分发掘自己的优势，走出了属于自己的一片天地。

像希拉里一样，许多人都曾经有过自卑，或正在自卑。但是我们要明白，自卑并不可怕，可怕的是我们在自卑中一蹶不振，失去对生活的信心。如果希拉里一直自卑，觉得自己事事不如人，甚至真的离开这所学校，那她的人生将会是怎么样的呢？她会越来越自卑，对生活无望，因为在她眼里，任何人或事都是那么完美，而自己是不足的。

美国作家海伦·凯勒曾说：对于凌驾于命运之上的人来说，信心是命运的主宰。可见，自信心对一个人来说有多么的重要。我们要尽快摆脱自卑，做一个自信的女人。自信的女人是一道亮丽的风景，一个女人，只有充满自信，才能自在从容地享受生活，品味多彩的人生。而自卑是一种没有必要的自我没落，具有自卑心理的人，总是过多地看重自己不利和消极的一面，看不到有利、积极的一面，缺乏客观全面地分析事物的能力和信心；自卑是心灵的腐蚀剂，自信却是心灵的发电机；自卑的人是拿自己的短处去对比人家的长处，却忽视了自己也有人所不及的地方。无论身处何境，我们都不要让自卑的冰雪侵占心灵，而是应该燃烧着自信的火炬，始终相信自己是最优秀的，这样才能调动生命的潜能，去创造无限美好的生活。

女性朋友们，你是否也曾遭受过自卑的困扰，或者你现在正活在自卑的阴影之中？那么，你们可以参考一下以下方法，做一个有自信的人。

1. 要能够正确评价自己。清晰地看待自己的短处，也要看到自己的长处。切记：不要只看到自己不如人之处，而看不到自己优于他人之处。所谓"金无足赤，人无完人"，任何一个人都会有自己的优点和缺点，要全面正确地评价自己。当然，如果发现自己的优点，也不要沾沾自喜，以为这就是自己的全部。

2.学会表现自己。当你意识到自己有自卑心理的时候，不妨多做一些力所能及，把握较大的事情，即使很小，也要竭尽全力，用最大的努力去证明自己是可以的！任何大的成功都蓄积于小的成功之中，我们可以从小见大，从小做大，从而不断增强自信心。

3.学会关注他人。心理学家曾说：容易自卑的人，主要是缺乏集体情感。集体或群体的荣辱得失引不起具有自卑心理的人的情绪变动，只有个人的失败才是他们关注的焦点。但是，现实总是残酷的，它不可能让你总是一帆风顺。如果总是过分关注自我，期待自己做任何事都比别人强，做得比别人好，那自卑只会越来越严重。

此时，你要转变一下思维，多关注一下别人，看看别人的做法，你就会变得理智、客观、忘我，为集体的成功而欢笑，为他人的幸福而欣慰。在这个过程中，你就会变得快乐起来，不再那么喜欢自己的小世界。慢慢的，你就会发现，自卑在你不经意间已离开了。

一万小时，从平凡变超凡

放眼望去，那些所谓的成功人士，哪个没有过全力以赴的故事，做过所谓"自私"的事情？他们之所以能够成功，就是能够想别人不敢想，做别人不敢做的事情。并且，他们深刻地明白：只有先对自己负责，才能对别人负责。

这个道理很简单，但很多人却一直"糊涂"着。

在《异数》一书中，加拿大畅销书作家麦尔坎·葛拉威尔曾经提到："人们眼中的天才之所以卓越非凡，并不是说天资超人，而是付出了超过他人的不懈努力。其实，任何人只要经过1万小时的锤炼，都能从平凡变成超凡。"

这就是著名的"一万小时定律"。一万小时是什么概念？简单来说，就是你对某个爱好或工作每天进行3个小时的练习或提升，持续10年。

有个匈牙利心理学家也深信"一万小时定律"，他相信只要方法得当，每一个人都可以成为一个超凡的人。为了证明自己的设想，他给家人选择了国际象棋的项目。多年以后，他的3个女儿都成为了了不起的国际象棋大师。即著名的波尔加三姐妹。事实上，仨姐妹并不喜欢国际象棋。而这，也正是匈牙利心理学家想要的结果。因为，一个人即便是对某个领域不感兴趣，但只要经过一万小时的训练和坚持，也一定会成为某个领域中的佼佼者。

在过去，由于传统观念的问题，人们总是崇尚一个"苦"字，冬练三九夏练三伏，甚至是头悬梁锥刺股。而现在，人们对"苦"的理解有了大不一样的想法。这就好比"一万小时定律"，只需要坚持下去就好，而不是让自己的身心"受罪"。

上司是一个令人佩服的女人。论能力，她也许不是最高的，但她那一如既往的坚持，让所有人都甘拜下风。无论上班有多么辛苦，她总会在下班后抽出2个小时去读书、写感想。到现在，她已经坚持了7年。7年里，她出版了4本书，并在微博、公众号等平台收获了几十万粉丝。

上司用亲身经历演绎了"一万小时定律"。但在生活中，能像她这样把一件事情坚持做到一万小时的人，少之又少。

她给我们说过：当她还在读大学的时候，整天只有上课、去图书馆，热衷于参加各种社团。刚开始的那两年，不仅没有一个具体的方向性目标，也没有想过对未来日子的规划。直到大四确定考研时，才真正去分配时间，安排每天需要做的事情。

直到现在，她还清楚地记得那个计划，非常详细。从早上6:30~晚上11:00，每一个时间段都有不同的需要学习的科目。比如：早上6:00起床，6:30~7:30背一个小时的单词，剩下的时间用来学习数学。吃过午饭后，会利用1个小时阅读比较感兴趣的书籍。剩下的时间用来学习英语，睡前对这一天的学习进行总结和反思。

有了详细的计划后，她就开始严格执行。几个月后，她的考研成绩名列前茅。在之后的很多年里，她也一直按照这种方式去做事情，一天能保持12个小时以上的高效学习时间。

如今的她，除了工作外，也会充分利用好每天的时间，去做一些自己感兴趣的事情，比如：每周两次健身。闲时，会研究一些大V的文章，学习些公众号运营推广的方案，写写文章。周末时，会看一些自己感兴趣的书籍。当然，还不忘刷朋友圈。

她说的让人印象最深刻的一句话是："不管怎么样，从平凡变超凡，真的就只有不断地坚持而已。"

俗话说得好：世上无难事，只怕有心人。即便每个人的外在条件有着不同程度的差异，也同样能够取得成功。

在这个梦想泛滥的年代里，经常被各种梦想的心灵鸡汤滋养，经常看别人的励志故事……但与此同时，我们也应该让自己变得强大一些。与其做别人梦想的看客，不如把细碎的时间攒起来，用来投资自己的梦想。

当然，这个时间会长一点，也许是1万小时，也许是2万小时。但不管怎么样，只要能坚持到一定的时间，就完全有可能把某件事或在某个领域做到极致，做一个行业"超人"。

第十五章

U形思维——感知正在生成的未来

用U型思维呵护创新的灵光

生物学家曾经做过这样的一个实验:把鸡和狗关在铁丝网里,铁丝网后面放上食饵,观察鸡和狗会怎样?

1.鸡径直冲向食饵,结果因为铁丝网的阻拦而吃不到食饵,只能在铁丝网前面喔喔地叫个不停。

2.狗在铁丝网前面环视了一会儿,当它看清了食饵、铁丝网以及旁边的墙壁的时候,它最终选择了绕过墙壁,最终走到铁丝网的另一侧把食饵吃掉。

通过这个实验,我们可以认识到:对待目标我们可以采取多种方式,或直接,或迂回。从思维方式上来说,这就是直线思维与U型思维的区别,但通过U型思维往往更能达到目的。

在管理学上,U形思维指的是:在某个问题上遇到难以解决的障碍时,不发生正面冲突,而是避开或越过障碍而解决问题的思维方法。这种思维与"退一步海阔天空"本质相似。从表面上看,说的是"退让",但实际上,这是一种U型的思维方式,也是以退为进的最好方式。

在竞争中,如果一个人或一个企业想要获利,就得先让利,牺牲暂时的利益,换得长远的利益。退是为了下一步的进,退一小步,是为了进一大步,这才是U形思维的真谛。

第二次世界大战中,希特勒调集4个德国师、1个意大利师的联合特种部队及南斯拉夫傀儡军队,想要围剿铁托领导的主要解放区,企图一举消灭这支民族解放力量。

第十五章 U形思维——感知正在生成的未来

为粉碎他们的阴谋，铁托率领由4个师组成的突击队并掩护4000名伤员，想要往东南方向突围，转移到门的哥罗地区。在他们转移的过程中，有一个难题：就是如何安全渡过涅列特瓦河。

果然，他们还没过河，就被德军堵在了河的左岸。为了尽快过河，突击部队几次向桥头发起冲击，但都被德军密集的火力击退。眼看形势危急，铁托却果断命令："炸桥！"

虽然突击队不理解，但还是服从了命令。只听见"轰"的一声巨响，大桥塌了一段。炸桥后，铁托立即命令部队迅速撤退。德军对此行动迷惑不解，以为铁托的部队并不是要过河，而是为了阻止德军过河进攻，所以才有炸桥的举动。于是，德军大呼上当，连忙转而追击。

看到德军上当后，铁托的部队兜了一个大圈子，快速折回桥头。

这时，河对岸已经没有一兵一卒把守了。很快，突击队就迅速挖好工事，建立桥头阵地，做好阻击准备。与此同时，他们以最快的速度借助原来的旧桥墩，连夜在断桥处搭起一座简便吊桥，将坦克、大炮等重武器全部推到河里，作战人员只携带轻武器，扶着轻伤员，抬着重伤员，顺利渡过了涅列特瓦河。

而德军拼命追击，以为已经围剿了铁托领导的部队，还持续朝着山谷炮击，并动用了轰炸机。遗憾的是，他们折腾了好几天以后，才发现山谷中空无一人。

等铁托的突击部队全部过河后，又将整个大桥炸毁，挡住了德军前进的脚步。因此，德军的围剿计划彻底失败了。

铁托这种以退为进的思维方式，就是U型思维，并以这种U形思维为基础巧施连环计：炸桥—搭桥—过桥—再炸桥。在铁托的身上，我们可以看出：U形思维中的退并不是真正的软弱、败退，而是一种迂回的策略。退是为了下一步的进，退一小步，是为了能进一大步。这才是U形思维的真谛。

其实，在生活中，我们也会经常看到这种思维。就比如：在联想最辉煌的时候，柳传志选择了退出。2000年，柳传志将联想分拆为联想集团和神州数码。企业分拆后的第二年，联想集团对外公布了实施多元化发展的策略，选择互联网、IT业务和手机作为发展重点。

遗憾的是，这些尝试都以失败告终。此时，柳传志不得不回头思考，并最终明白了：联想集团的多元化是输在组织架构上。柳传志说："很难想象，一个企业既做电脑，又做房地产，还做投资，然后用同一套体系去进行人事建设和激励。让这样的企业与高度专业化的企业竞争，想取胜是非常困难的。"

接下来，柳传志调整了投资策略，将权力下放到各个子公司，只对企业一把手的工作进行监督和考核，且制造各种机会让杨元庆、郭为、朱立南、陈国栋和赵令欢"五虎上将"崭露头角。为了让他们充分施展拳脚，柳传志很少与他们同台接受采访。

果然，他们没有让柳传志失望。2005—2006年，神州数码的营收达到数亿港元。如今，联想集团终于找到了"做世界级的IT硬件制造商"的战略方向，且已具备了一个跨国公司的雏形。

由此可见，以退为进是一个领导者必备的素质，也是一个高明办法。柳传志曾经表示：我的退出是为了让联想集团发展得更好。事实上，在很多事情上，都是如此。只有先退下来，才能拥有更多超越的机会。

间接思维，是变通思维，更是U形思维

在生活或工作中，在我们遇到问题时，基本上会有两种解决方法：直接解决问题和间接解决问题。直接解决问题，是我们的第一选择，因为它最直接有效。但是，直接解决问题容易有一些隐患，比如：当你和上司闹矛盾了，你直接指出对方的问题，试图让对方改正他自己那种自大的性格，但上司可能会因为你的"直接"大发雷霆或者让你在公司待不下去。

此时，间接解决问题就显得尤为重要了。比如：避免在人多的地方和上司发生冲突。在指出问题时，不要用指责的口吻，而是以商量或建议的方

式来。如："您刚刚说的方法，在实际操作中有了一些小问题。我是这么想的，如果……会更好一些，您认为呢？"这种方式既能解决问题，又能给上司保留面子，一举两得。运用U形思维的基本特点就是避直就曲。通过拐个弯的方法，规避摆在正前方的障碍，走一条看似复杂的曲线，却可以尽快到达目的地。

从根本上讲，U形思维要求我们的思路会转弯。在学习运用U形思维时，切忌将自己的思维禁锢在死胡同中。只有开拓自己的思路，思路打开了，成功的道路才会变得广阔。

1945年，战败的德国一片荒凉。一个年轻人发现，当时的德国人对信息的获得非常饥渴，于是他决定卖收音机！可在当时，国家不但禁止制造收音机，就连销售也是不允许的，这是违法的。

思前想后，这个年轻人将组成收音机的所有零件、线路全部配备好，再附上说明书，以"玩具"的方式卖出去了。买到"玩具"的人不仅能动手组装，还能获取信息，而这个年轻人也因此大赚了一笔。

一年内，这个年轻人就卖掉了数十万盒，这个年轻人就是马克斯·歌兰丁，其为日后西德最大的电子公司奠定了基础。

马克斯·歌兰丁在一定的限制下，变通了一下销售模式，把收音机变成了玩具的形式，巧妙解决了"信息饥渴"的难题。这个方法就是变通思维的运用。而变通思维是U形思维的一种表现形式，它是指在思考问题时，当一条路走不通或付出的机会成本太大时，不妨改变一下思路，以全新的思维模式去思考问题。

变通思维的关键是要学会变，路走不通时要变，路不好走的时候也要变，不能一条道走到黑，也不能做事一根筋。变通思维不但在发明创造中有着广泛的应用，在处理日常事务中也是一个常用的思维方法。

一天，经理收到一封非常无礼的信。这封无礼的信是一位代理商写来的。

经理把秘书叫到办公室，口述了一封回信："我没有想到你会这样给我写信，你的做法深深伤害了我。尽管我们之间存在一些交易，但按照惯例，我还是要把这件事情公布出去。"

说完，经理就叫秘书立即将信打印出来并马上寄出。

如果你是这位秘书，你会怎么做呢？事实上，对于经理的命令，秘书可以采用4种方法：

1. 照办。按照老板的指示，遵命执行，马上把信打印出来并寄出去。

2. 建议。如果秘书认为这个方式对公司和经理都非常不利，那秘书应该想到：自己是秘书，有责任提醒经理，为了公司的利益，哪怕是得罪了经理也值得。如秘书可以这样对经理说："经理，别理这封信，撕了算了。何必生这样的气呢？"

3. 批评。秘书不仅不按照经理的意思照办，还会对经理进行批评："经理，请您冷静一点，回一封这样的信，后果会怎样？在这件事情上，我们应该反省一下，再做决定。"

4. 缓冲法。接到经理的命令，不立即去做，而是先打印出来，然后等经理气消了，再问经理："经理，这封信可以寄走了？"

相信聪明人都会选择第四种方式来解决问题。第一种方法，的确能表现出下属的服从性，但"照办"仍然可能是一种失职的表现。如果经理只是一时冲动，而你照办了，后果不堪设想，且后果由谁来承担？恐怕你就成了那个炮灰了。第二种方法，能表现出秘书的理智，把整个公司利益为出发点，但这种行为超越了秘书应有的权限。第三种方法，是一种越权行为。第四种方法，是一种善于变通的表现，能反映出一个秘书所拥有的灵活性和审时度势的工作能力。

在工作或生活中，如果你也遇到类似的难题，不如放弃直接解决问题的思维方式，选择间接的、变通的思维方式，让思维转个弯儿。只要变通了思维方式，就一定能够找到解决问题最有效的方法。

放弃小利益，赢得大收获

放弃小利益，赢得大收获正是巧妙运用U形思维的结果。

在现实生活中，不乏只顾眼前收获而没有长远打算的人。事实上，这是一种不明智的行为。有时，走一些弯路比盲目向前要可靠得多。打个比方：你正沿着一条路往前走着，眼看着快到终点，却看见了路旁竖着一块警示牌，上面写着此路不通，请绕道而行！

此时，你会怎么做？

如果你仍然固执己见，坚持往前走，那结果可想而知，无论你往前走了多远，都得返回来。这种消耗时间的做法，不仅没有一点儿效率，还是在做无用功。

如果你犹豫不决，不甘心走了这么远的路，那很有可能因此而失去寻找下一条路的机会，比如：天黑了，你不得不等到天亮再走。于是，你还是浪费了时间。

如果你毫不犹豫地调转车头，去寻找另外一条路。说不定你很快就会找到正确的道路，到达你想去的地方。同样的道理，在生活或工作中，我们也需要做到：当前面无路可走或此路不通时，就需要立马调转方向，不要在错误的路上浪费时间。

日本丰田汽车公司曾为了确保在日本的销售市场，深谋远虑，从解决城市的汽车与道路的矛盾入手，先后成立了"丰田交通环境保护委员会"，并做了很多准备工作。比如：

在东京车站和品川车站首次修建"人行道天桥"；投资3亿日元，在东京设立了120处电子计算机交通信号系统，使交通拥挤得到缓解；投资并创立了汽车学校，培养更多人学会开车；为儿童修建了汽车游戏场，从小培养他们的驾驶本领。

最终,丰田汽车的良苦用心如愿以偿,汽车销量日益增多,公司也收获了相当可观的效益。

无独有偶。在煤油炉出现之前,人们生火做饭都是使用木炭和煤。美国一家销售煤油炉和煤油的公司,为引起人们对煤油炉和煤油的消费兴趣,在报纸上大肆宣传它的好处,但收效甚微,人们继续使用木炭和煤,煤油炉和煤油仍然无人问津。

面对积压的煤油炉和煤油,公司老板决定转换策略。他吩咐下属将煤油炉免费赠送到各家各户,不取分文。就这样,收到煤油炉的住户们尝试着使用它,而没有收到的纷纷打电话向公司询问,并索要煤油炉,在很短的时间内,积压的煤油炉赠送一空。公司员工们搞不懂老板在想什么,还有人怀疑老板是不是急"疯"了。

谁知过了不久,就有一些顾客上门来,询问购买煤油的事;再后来,竟有顾客要求购买煤油炉。原来,人们在使用煤油炉后,发现其优越性较之木炭和煤十分明显。家庭主妇们在炉里原有的煤油用完后,仍然希望继续使用煤油炉,但这时公司不会再白送煤油了,只好掏钱向公司购买。在循环往复中,这家公司的煤油炉自然久销不衰。

在利益面前切不可"近视",只看到眼前的小利,而丢掉长远的利益。短期的投入,看似与收入不成正比,但时机成熟时,必会获得回报。

管理大师彼得斯在写出风靡全球的《追求卓越》一书之前,曾在麦肯锡顾问公司担任顾问,为了由外而内建立自己的信誉,他做了这样的事情:主动去了解不太愿意去外地的员工,并和他们接触。不仅如此,他还积极参与到调查中。

这样一来,他不仅能够获得新资讯,还能增加自己说话的分量,在公司里树立扎实的形象。有了这样到外界去掌握第一手资料的意识,他就拥有了其他员工所不具备的优势。当遇到问题时,他也能第一时间解决。从表面上看,他放下架子,向下属请教,但实际上,他是为了成功所做的铺垫。

一个卓越的人,必是一个注重思考、思维灵活的人。当他发现一条路走不通或太挤时,就能够及时转换思路,改变方法,以退为进,寻找一条更加通畅的路。

第十六章

整合思维——成功者与平庸者的分水岭

整合是高层次的整合思维方式

柏拉图说过："真实的世界里不存在几何，譬如直线、三角、正方之类，只存在在人类大脑的理想王国之中。"所以它是人为的，是对大自然的扭曲。爱因斯坦也说过："真实的宇宙不存在直线运动的物体，所谓的直线是曲线的局部性的短程线。"

在互联网发展迅速的今天，整合思维是必备的思维利器。整合，是人类对外部世界的形象进行提取以及储存，在转录的过程中，自动归类集合的过程，这是人类大脑所特有的一种思维模式。整合思维在日常生活、社会实践中广泛应用，为人们解决日常生活难题以及科学技术攻关等，在整体理念上发挥着指导或引导，起着决定性的作用。整合，无论在创业者还是领导，甚至在企业家眼里，都是不可或缺的思维。而这考验了他们是否有洞悉身边资源的眼光，是否有将它们整合起来的勇气和决断力。这种整合思维，不一定是事前计划好的，而是具体情况具体分析，亦或是"摸着石头过河"的产物。

比如说：你开了一家火锅店。当你做得不怎么样的时候，你肯定不会再去开分店，而是想如何提高客流量，如何吸引人群，如何打造有特色的火锅店，如何在同类火锅店中脱颖而出。

当你运用整合的思维来思考，你或许会想到，比如：重庆火锅中的脸谱表演，可以带动火锅店的气氛；扯面表演，不仅吸引眼球，还和传统的火锅"不吃面食"有着很大的不同；传统的火锅，有可能是涮牛羊肉，或是像重庆火锅一样，而现在鱼也能做火锅；不仅是鱼，鱼头也可以做火锅；甚至是虾火锅……

第十六章 整合思维——成功者与平庸者的分水岭

将生活中的食材都整合在火锅中，能迎合众人的口感。比如：传统的火锅是麻辣的、清汤的，现在的味道就多了，有菌汤的、泡菜的、芝士的……种类繁多。

无论是在生活中，还是在企业中，整合资源说到底也是一种创新，更是一种合作关系。如果你不改变，就很容易被淹没在竞争中。

上海有一个连锁店的店长，非常擅长资源整合。他出资同时收购了2~3家生意不是很好的饭店，收购后转让其中两家，保留一家地理位置最好的，然后把另外两家店的员工合并到这家店来。这样的话，员工不缺了。接着，他把那两家店的会员以及特色菜品集中到这家店来，这样顾客也不缺了。

如果当初这几家店，也能够运用整合的思维方式，该舍得就舍得，就不至于被人收购了。同样的道理，这种思维运用到任何竞争中，都有制胜的机会，且机会很大。

比如：你和竞争对手联合起来，成立一家公司，你负责技术，他负责管理。接下来，你花费上一些时间来研究管理，他花费上一些时间来研究技术，以备不时之需。即便你们合作不下去了，你们各自依然有技术和管理，能各自再开一个公司。如果你们三个人合作，如：技术、管理、营销，那可以使用相同的方式，把所有要运用的东西整合起来。

这样说来，整合资源也是一种跨界思维，是行业的跨越，更是企业的跨越。与传统的思维模式不同，一般的企业会固守观念，技术"闭门造车"，生怕别人学会了自己的技术，自己成为饿死的那个人。但事实上，这种思维模式已经不适用于今天的时代了。

商界大佬马云曾经发出"天变了"的呼吁。他要求自己、员工、企业紧跟时代步伐，主动颠覆，主动变革，主动跨界。他知道，一个行业的变革是打破行业固有的边界，限制的壁垒，重新思索在这个以人为本、以消费者为本的时代，行业该何去何从。

企业为了求变图存，必须进行创新性的整合资源改造，让那些原本毫不相关的，甚至是不同行业的资源，在这个跨界整合的过程中，创造出新的商业模式。比如：网上购物商城和快递业的结合，让消费者足不出户就能方便购物，且能坐等收货；以卖坚果为主的"三只松鼠"与卖梅类食品的"楽完楽了"利用网上营销的渠道，创造了传统零售业难以抵达的业绩高度；云南白药原本只是生产和经营一些疗伤止血的中医药，为了开拓业务，云南白药突破传统思维，将目光投向生活日用品——牙膏。起初，有些人认为云南白药这是一种不自量力的行为。事实证明，云南白药选择了正确的跨界整合方向，打出了中医药护齿、保健的牙膏品牌。其规模从3000万元人民币到如今的120多亿元人民币。由此可见，只要找准市场切入点，整合思维就能发挥出"1+1＞2"的效果，远远超出你的预期。

由此可见，整合资源的整合思维，既是机遇，也是挑战。它不是一个人、一个企业的单打独斗，而是众多团队齐心合力，甚至是借助互联网从而得到的一个新天地。

在技术条件落后的过去，企业很难获得如此优质的资源，也很难充分了解各个行业的信息。而随着一些新型商业工具的出现，传统企业不仅能通过互联网平台扩大影响力，还能利用大数据共享等，实现跨界整合。当然，这还需要企业高层本身具备"整合资源"的思维才行。

在进行"整合资源"时，还需要注意：扩大范围，想他人想不到的。整合思维者最大的优势，就是善于扩大凸显因素的选择范围。他关注的不仅是顾客提出的需求，还有顾客没说出来，却很希望被满足的需求；整合思维者善于考虑多方面的，或是间接的因果关系。如果只把思维放在固有的行业或圈子里，是很难看到外面的世界的。就像如果不是互联网的存在，嘀嘀打车等软件不会把出租车与其融合在一起一样。多思考，多看行业以外的东西，说不定会给你带来意想不到的惊喜。

第十六章 整合思维——成功者与平庸者的分水岭

单打独斗不如联合制胜

如今,已经不是单打独斗的时代了,只有懂得合作才能让自己或企业有成功的机会。要知道,通过合作双方不仅可以共同承担成本与风险,还能共享资源。就比如:一个因为经济危机而频临破产的企业,如果寻找到投资者,那肯定是求之不得的大好事。而这也就意味着,一方提供资金,一方提供资源,从而达到共赢。

比尔·盖茨从哈佛大学退学后,与同伴保罗·艾伦合作创办了一家电脑公司。多年以后,他又创办了微软公司,担任董事长、总裁兼首席执行官;杨致远和戴维·费罗同在斯坦福大学从事研究,且成了最佳搭档,一起创办了闻名于世的雅虎网络公司;乔布斯创办的苹果公司,也是与人合作,才得以创造出今天的辉煌。

与人合作是事业成功的重要保证。当一个人刚开始创业的时候,不可能立即组织一个公司或是团体。要知道,一个人的力量是非常渺小的。

有个年轻人在日本的一家企业担任业务员,其没有什么学历,但他非常善于做企划案。

有一天,他接到从西德寄来的商品目录,并发现这些商品中有一种新开发上市的羊毛纺织机器。对于新机器,他比别人内行,直觉告诉他这是一个良机。

接着,他详细调查了日本的羊毛纺织机器,并了解到这种新机器生产成本大约可降低2/3,且生产效益可成倍增长。不过,年轻人并没有向日本人推销这种机器,而是带着新产品的目录和经营纺织工厂的构想,去找了一位投资人。

那位投资人对纺织业一窍不通，但看了年轻人的企划案之后，也认为这是一个不错的主意。于是，投资人决定投资，给了他一笔可观的资金。

就这样，年轻人从一个默默无闻的业务员，靠着与他人合作共赢的理念，摇身一变成为一家工厂的经营者。

年轻人的成功之道就是与投资者合作，并借助投资者的力量来实现自己的梦想。一个人出想法和能力，一个人出钱，这种方式简直是绝配，更是通向成功的一条捷径。与人合作是一门艺术，但有几点需要注意：

1. 选好合作伙伴。在选择合作伙伴时，要选那些品德端正，又具有一定业务素质的人。

2. 以诚相待，互相尊重。合作双方最忌讳的就是互相耍心眼。既然是合作伙伴，就要成为利益共同体，一损俱损，一荣俱荣。因此，要以诚相待，互相尊重。

3. 本着公平公正，利益均沾的原则，起草好合作协议条款，把双方的权利和义务写得清清楚楚，且要共同遵守。

4. 求同存异。在经营管理上，在企业运作上，难免会出现一点分歧，在利益分配上也难免会闹一点小矛盾，既然走到一起来了，就说明双方有缘分，要珍惜合作机会，互相谦让一步。如果不能做到这一点，就有可能使矛盾越闹越大，最后合作也泡汤了。

大手笔的"跨界整合"

跨界消费不仅是社会消费的趋势，还预示着企业迎来了一个新的时代。在跨界传播的时代，企业所面对的市场为其提供了不可想象的"跨界可能"。

现如今，在竞争日趋激烈的条件下，为了突破原产业的瓶颈，谋求更大的发展空间，不少企业已经开始打造"跨界整合"战略。就连 AMD、惠普与腾讯也做出了积极的应对，三大巨头跨产业合作共创 PC 新蓝海，并推出"游戏定制主题笔记本电脑"概念，以跨产业的"精英合作"方式重新定义游戏本，以精准的差异化营销细分 PC 市场，更深、更广地挖掘潜在用户，为消费者带来产业整合的实惠。

跨产业融合本身也是一种创新，这种创新可以带动企业的发展、产业的结构调整与升级，且能增加企业的创新能力和成长能力，使曾经毫不相干的业务、行业等整合起来，发挥资源共享效应，给原本的传统市场一记重磅炸弹，打造出新的、富有激情的市场。

实际上，早在 1992 年，关于整合的概念就已经出来了。在当年，全球第一部整合专著《整合营销传播》在美国问世了。其核心思想是将与企业市场营销相关的一切业务涵盖到营销活动的范围之内，如广告、促销、公关、直销、CI、包装、新闻媒体等。然后，由企业将传播资讯统一传达给消费者。所以，整合营销传播也叫"用一个声音说话"。

到了跨界整合时代，消费者需求模式的转变，让企业清楚认识到：我们已经从整合营销传播时代，进入到跨界整合的新型时代中。

在跨界整合时代，产品的创新更多的是融合。比如：向其他产品或企业学习，合理利用"拿来主义"精神，进行优点嫁接、解构创新，最终让产品或企业在同行业中脱颖而出。

马云曾经信誓旦旦地说："如果银行不改变，我们就要改变银行。"很多人听到这话，都一笑而过。就连金融机构也没把这句话放在眼里，他们以为这不过是一个商业大佬的野心。然而，到了今天，他们也许笑不出来了。

余额宝在短短 5 个月时间里，吸收存款超过 1000 亿元，平均每天吸金 6.6 亿元。而百度、腾讯、网易等互联网企业们，也在用它们独具吸引力的收益率抢夺着用户。年化收益率 5%、6%、6% 外加 5% 的现金补贴，他们甚至不惜自掏腰包以抢夺市场。相对而言，原先稳坐泰山的银行却面临着存款流失的尴尬。

一名在大型国有银行工作的员工透露，原本稳坐办公室，坐等储户上门的客户经理们为了完成指标，不得不放低身段，到大街上像互联网企业们一样吆喝叫卖，招徕客户。

可见，跨界资源深度整合才是未来的趋势，而这个趋势绝对不仅仅限于金融界。就像世界500强的企业"柯达"，早在1991年，其技术领先世界同行10年，却在2012年宣告破产了。毁灭它的不是最大竞争对手"富士"而是跨界做手机的"诺基亚"。因为每部手机都能拍照，每一部手机都是一部照相机，所以胶卷就在市场上消失了。遗憾的是，诺基亚也死在了跨界的竞争中。当苹果用做电脑的方式来做手机时，诺基亚和摩托罗拉瞬间就被市场淘汰了。

在如今，最大的跨界竞争应该是移动和联通了。两大通讯巨头竞争了很多年，当微信出来以后，两家公司才真正明白：原来，他们的竞争对手不是彼此，而是跨界的腾讯。

所以说，你不主动跨界整合资源，就有人跨过来打劫。其实，跨界最难跨越的不是技能之界，而是观念之界。跨界整合资源不是抛弃自己原有的资源，在一个新的领域重新开始，而是利用自己擅长的技能和特有的资源与另一个行业进行资源互换。

跨界资源整合的时代已经来临，无论是对个人还是公司，未来的日子，是一个跨界竞争的年代，竞争已经不再是点性、线性，而是全方位地铺展开，你做好准备了吗？

从人脉上整合资源

资源整合是多方面的合作，寻找和创造出多方共赢的机制。对于在长期合作中获益、彼此建立起信任关系的合作，双赢和共赢的机制已经形成，进一步的合作并不很难。但对于首次合作，建立共赢机制尤其需要智慧，要让对方看到潜在的收益，为了获取收益而愿意投入资源。

因此，创业者在设计共赢机制时，既要帮助对方扩大收益，也要帮助对方降低风险，降低风险本身也是扩大收益。

人们都说"所有的成功都不是偶然"，马云毫无疑问是很多创业者乃至企业家的偶像，而他的成功也一再被人们进行解读。成功的因素当然有很多，不过，对于成功的企业和企业家来说，他们都有一个共同的成功因素——资源整合。

在马云和他的阿里巴巴成名之后，"十八罗汉"创建阿里巴巴的故事便一直广为流传。1999年，经过艰难的选择，下定决心回杭州创业的马云与创业成员在自己家中召开了第一次全体会议，大家同舟共济，不分昼夜地工作，成功创建了阿里巴巴帝国。这18个人，各有所长，有的懂技术，有的懂市场，有的懂战略，他们的合作就好比"十八罗汉阵"。后来，马云又联合中国平安的马明哲、腾讯公司的马化腾，设立众安在线财产保险公司，行业称"三马联盟"。

这就是马云成功不可或缺的因素——资源整合。资源整合，不仅可以是团队内部进行资源整合，也可以是企业与企业之间进行资源整合。

马云在2013年5月退休时，正是他人生事业的巅峰时期，不少人为此而感到惋惜。但仅仅十多天后，马云便聚集了中国一流的地产集团、物流集团、建筑新型材料商、传统商业集团，以及自己的电商平台，开始新的创业，名曰："菜鸟"。

马云利用自身的资源，联合商业、地产、物流等行业，构建传统行业新的商业模式，这种新模式让众人感到耳目一新。

马云认为做电商的人，也需要大的格局，这个格局不是基于产品的格局，而是基于行业的格局。无论是自有品牌的电商、渠道平台的电商、垂直电商还是 O2O 抑或是其他什么新的电商，电商的核心是不会变的。我们要跟行业打交道，介入行业深度越深，专业度越高，获得的利润则越高。

从菜鸟股份构成来看：天猫出资 43%，作为银泰系的北京国俊投资有限公司出资 32%，复星集团和富春物流各自出资 10%，顺丰速运、申通快递、圆通、韵达货运各自"意思性"出资 1%。

也许，表面上看，马云正在做一件出力不讨好的事情，但菜鸟网络重新定义了综合体的概念，这种新型的综合体，提供了项目卖点，提升了项目的价值。这无疑是一个多赢的局面，更重要的是对地方政府的吸引力，商家、菜鸟网络、地方政府能在投资和地方经济发展上达成共识，不仅有利于商家，更加有利于当地财政收入、解决就业问题和政绩的提升。菜鸟的品牌效应又能迅速地成为行业孵化器，众多因素使得菜鸟网络在新型商业地产中的价值不断提高，仅仅在地产方面的价值，菜鸟就绝对赢定了。

创造资源很难，整合资源很容易；创造资源很慢，整合资源很快。因此，资源整合是企业和社会发展的一条捷径，是现代企业经营中的"原子弹"。

当今社会，许多创业者早期所能获取与利用的资源都相当匮乏，而优秀的创业者在创业过程中所体现出卓越的创业技能之一，就是创造性地整合和运用资源，尤其是那种能够创造竞争优势，并带来持续竞争优势的战略资源。

如果细心地观察，你可以发现，很多事业有成的企业家其实都是拼凑高手，通过加入一些新元素，与已有的元素重新组合，形成在资源利用方面的创新行为，进而达到意想不到的效果。

微软公司能够成为软件行业的领导者和著名品牌，就是因为比尔·盖茨找到了IBM公司。IBM公司跟他合作以后，微软公司在成立之初就站在了巨人的肩膀上。

对于想要创业的创业者而言，整合已有的资源，快速应对新情况，是创业的利器之一。创业者善于用发现的眼光，洞悉身边各种资源的属性，将它们创造性地整合起来。这种整合很多时候甚至不是事前计划好的，而往往是具体情况具体分析"摸着石头过河"的产物。而这正体现了创业的不确定性，并考验着创业者资源整合的能力。

资源整合是一门博大精深的艺术，整合的最高境界其实是配合。学会配合也就学会了整合。把身边的资源充分地调动起来，把被隐藏的项目、被忽略的资金、被浪费的渠道全部有效地运用起来，你就会成为最后的赢家。

| 思维简史

附录　思维小测试

【1】他们的职业是什么

小王、小张、小赵三个人是好朋友,他们中有一个人下海经商,一个人考上了重点大学,一个人参军了。此外他们还知道以下条件:小赵的年龄比士兵的大;大学生的年龄比小张小;小王的年龄和大学生的年龄不一样。请推算出这三个人中谁是商人?谁是大学生?谁是士兵?

【2】奇怪的两姐妹

有一个人在森林里迷路了,他想看一下时间,可是又发现自己没带表。恰好他看到前面有两个小女孩在玩耍,于是他决定过去打听一下。更不幸的是这两个小女孩有一个毛病,姐姐上午说真话,下午就说假话,而妹妹与姐姐恰好相反。但他还是走上前去问她们:"你们谁是姐姐?"胖的说:"我是。"瘦的也说:"我是。"他又问:"现在是什么时候?"胖的说:"上午。""不对",瘦的说,"应该是下午。"这下他迷糊了,她们说的话到底哪是真哪是假?

【3】怎么付钱

某人租了一辆车从 A 城市出发,去 B 城市,在途中的一个小镇上遇到了两个熟人甲、乙,于是三人同行。三人在 B 城市待了一天准备回 A 城市,但是他的朋友甲决定在他们相遇的那个小镇下车,朋友乙决定跟他回 A 城市,他们用 AA 制的方式付费用。从 A 城市到 B 城市往返需要 40 块钱,而他们相遇的小镇恰是 AB 两城的中点。三个人应怎么付钱呢?

【4】找错误

一个正方体有 6 个面,每个面的颜色都不同,并且只能是红、黄、蓝、绿、黑、白 6 种颜色。如果满足:

1. 红的对面是黑色

2. 蓝色和白色相邻

3. 黄色和蓝色相邻

那么,下面结论错误的是:

A. 红色与蓝色相邻

B. 蓝色的对面是绿色

C. 白色与黄色相邻

D. 黑色与绿色相邻

【5】谁会活着

三个小伙子同时爱上了一个姑娘,为了决定谁能娶这个姑娘,他们决定用手枪进行一次决斗。小李的命中率是 30%,小黄比他好些,命中率是 50%,最出色的枪手是小林,他从不失误,命中率是 100%。为公平起见,他们决定按这样的顺序:小李先开枪,小黄第二,小林最后。然后这样循环,直到他们只剩下一个人。那么这三个人中谁活下来的机会最大呢?他们都应该采取什么样的策略?

【6】猜牌

S 先生、P 先生、Q 先生知道桌子的抽屉里有 16 张扑克牌:红桃 A、Q、4;黑桃 J、8、4、2、7、3;草花 K、Q、5、4、6;方块 A、5。约翰教授从这 16 张牌中挑出一张牌来,然后把这张牌的点数告诉 P 先生,把这张牌的花色告诉 Q 先生。这时,约翰教授问 P 先生和 Q 先生:你们能从已知的点数或花色中得知这张牌是什么牌吗?于是,S 先生听到如下的对话:

P 先生:我不知道这张牌。

Q 先生:我知道你不知道这张牌。

P 先生:现在我知道这张牌了。

Q 先生:我也知道了。

听了以上的对话，S先生想了一想之后，就正确地推算出这张牌是什么牌。

请问：这张牌是什么牌？

【7】几点了

从前有一位老钟表匠，为一个教堂装一只大钟。他年老眼花，把长短针装配错了，短针走的速度反而是长针的12倍。装配的时候是上午6点，他把短针指在"6"上，长针指在"12"上。老钟表匠装好就回家去了。人们看这钟一会儿7点，过了不一会儿就8点了，都很奇怪，立刻去找老钟表匠。等老钟表匠赶到，已经是下午7点多钟。他掏出怀表来一对，钟准确无误，疑心人们有意捉弄他，一生气就回去了。这钟还是8点、9点地跑，人们再去找钟表匠。老钟表匠第二天早晨8点多赶来用表一对，仍旧准确无误。请你想一想，老钟表匠第一次对表的时候是7点几分？第二次对表又是8点几分？

【8】分金子

5名海盗抢得了窖藏的100块金子，并打算瓜分这些战利品。他们是按下面的方式进行分配的：最厉害的一名海盗提出分配方案，然后所有的海盗就此方案进行表决；如果50%或更多的海盗赞同此方案，此方案就获得通过并据此分配战利品；否则提出方案的海盗将被扔到海里，然后下一名最厉害的海盗又重复上述过程。

所有的海盗都乐于看到他们的一位同伙被扔进海里，不过，如果让他们选择的话，他们还是宁可得一笔现金。他们当然也不愿意自己被扔到海里。所有的海盗都是理性的，而且知道其他的海盗也是理性的。此外，没有两名海盗是同等厉害的——这些海盗按照完全由上到下的等级排好了座次，并且每个人都清楚自己和其他所有人的等级。这些金块不能再分，也不允许几名海盗共有金块，因为任何海盗都不相信他的同伙会遵守关于共享金块的安排。这是一伙每人都只为自己打算的海盗。

最凶的一名海盗应当提出什么样的分配方案，才能使他获得最多的金子呢？

【9】张老师的生日是哪一天

小明和小强都是张老师的学生，张老师的生日是 M 月 N 日，2 人都知道张老师的生日是下列 10 组中的一天，张老师把 M 值告诉了小明，把 N 值告诉了小强，张老师问他们：他的生日是哪一天？

3月4日　3月5日　3月8日　6月4日　6月7日

9月1日　9月5日　12月1日　12月2日　12月8日

小明说：如果我不知道的话，小强肯定也不知道。

小强说：本来我也不知道，但是现在我知道了。

小明说：哦，那我也知道了。

请根据以上对话，推断出张老师的生日是哪一天？

【10】拿乒乓球

假设排列着 100 个乒乓球，由两个人轮流拿球装入口袋，能拿到第 100 个乒乓球的人为胜利者。条件是：每次拿球者至少要拿 1 个，但最多不能超过 5 个。问：如果你是最先拿球的人，你该拿几个？以后怎么拿就能保证你能得到第 100 个乒乓球？

参考答案

【1】小张是商人,小赵是大学生,小王是士兵。假设小赵是士兵,那么就与题目中"小赵的年龄比士兵的大"这一条件矛盾了,因此,小赵不是士兵;假设小张是大学生,那就与题目中"大学生的年龄比小张小"矛盾了,因此,小张不是大学生;假设小王是大学生,那么,就与题目中"小王的年龄和大学生的年龄不一样"这一条件矛盾了,因此,小王也不是大学生。所以,小赵是大学生。由条件小赵的年龄比士兵的大,大学生的年龄比小张小得出小王是士兵,小张是商人。

【2】

假设是下午,那么瘦的说的就是真话,但是到底谁是姐姐就无法确定了。所以不可能是下午。那么就是上午,此时姐姐说真话,而胖的说是上午,所以胖的是姐姐,瘦的是妹妹。

【3】

由于三人相遇的小镇恰是两城市的中点,所以可以将旅游的这个人的旅程分为四段,朋友甲只走了两段,朋友乙走了三段,此人则走了全程,往返两城需要40元,三人走的总路程是9段,总费用均分到每段路程上,得一段费用是40/9元,进而得甲的费用是8.9元,乙的费用是13.3元,此人的费用就是17.8元。

【4】

选C

分析:由条件1可得,其余的四种颜色,黄绿蓝白为两组互为对色的颜色，又由条件2、3可得：白色与黄色为对面，蓝色与绿色为对面。所以选C。

【5】

小黄。因为小李是第一个出手的，他要解决的第一个人就会是小林，这样就会保证自己的安全，因为如果小黄被解决，自己理所当然地会成为小林的目标，他也必定会被打死。而小黄如果第一枪不打小林而去打小李，自己肯定会死（他命中率较高，会成为接下来的神枪手小林的目标）。他必定去尝试先打死小林。那么30%加上50%的概率是80%（第一回合小林的死亡率，但会有一点点偏差，毕竟相加了）。那么第一回合小黄的死亡率是20%多一点点（小林的命中率减去自己的死亡率）。假设小林第一回合死了，就轮到小李打小黄了，那么小李的命中率就变成了50%多一点点（自己的命中率加上小黄的死亡率）。这样就变成了小李小黄对决，第二回合的小李的第一枪命中率是50%，小黄也是。可是如果拖下去的话占上风的自然就是小黄了，可能赢的也自然是小黄了。至于策略我看大家都领悟了吧。

【6】

方块5

【7】

7点 × 分：（7×/60）/12=×/60×=7×60=420/11=38.2

第一次是7点38分，第二次是8点44分。

【8】

如果轮到第四个海盗分配：100，0

轮到第三个：99，0，1

轮到第二个：98，0，1，0

轮到第一个：97，0，1，0，2，这就是第一个海盗的最佳方案。

【9】

9月1日。

首先分析这10组日期，经观察不难发现，只有6月7日和12月2日这两组日期的日数是唯一的。由此可知，如果小强得知的N是7或者2，那么他必定知道了老师的生日。

再分析"小明说：如果我不知道的话，小强肯定也不知道"，而该 10 组日期的月数分别为 3，6，9，12，而且相应月的日期都有两组以上，所以小明得知 M 后是不可能知道老师生日的。

进一步分析"小明说：如果我不知道的话，小强肯定也不知道"，结合第 2 步结论，可知小强得知 N 后也绝不可能知道。

结合第 3 和第 1 步，可以推断：所有 6 月和 12 月的日期都不是老师的生日，因为如果小明得知的 M 是 6，而若小强的 N=7，则小强就知道了老师的生日。（由第 1 步已经推出）。同理，如果小明的 M=12，若小强的 N=2，则小强同样可以知道老师的生日。即：M 不等于 6 和 9。

现在只剩下"3 月 4 日、3 月 5 日、3 月 8 日、9 月 1 日、9 月 5 日"五组日期。而小强知道了，所以 N 不等于 5（有 3 月 5 日和 9 月 5 日），此时，小强的 N ∈（1，4，8）。注：此时 N 虽然有三种可能，但对于小强来说只要知道其中的一种，就得出结论。所以有"小强说：本来我也不知道，但是现在我知道了"，对于我们则还需要继续推理至此，剩下的可能是"3 月 4 日、3 月 8 日、9 月 1 日"。

分析"小明说：哦，那我也知道了"，说明 M=9，N=1（N=5 已经被排除，3 月份的有两组）。

【10】

拿出 4 个，然后按照 6 的倍数和另外一人分别拿球。即：

另外一人拿 1 个，我拿 5 个；

另外一人拿 2 个，我拿 4 个；

另外一人拿 3 个，我拿 3 个；

另外一人拿 4 个，我拿 2 个；

另外一人拿 5 个，我拿 1 个。

最终第 100 个球一定会在我的手上。

首先拿 4 个球，接下来别人拿 n 个球，你就拿 6-n 个球。